Sophie Lamoureux

Pour ! ou Contre !

L'actualité en débat

Responsable éditorial : Thomas Dartige
Édition : Éric Pierrat assisté de Jessica Mautref
Directrice artistique : Élisabeth Cohat
Conception graphique, maquette et illustrations : Loïc Le Gall et Clément Chassagnard
Maquette de couverture : Loïc Le Gall et Clément Chassagnard
Fabrication : Christophe de Mullenheim
Correction : Sylvette Tollard, Isabelle Dessommes, Lorène Bucher et Isabelle Haffen
Photogravure : Scanplus

ISBN 978-2-07-065714-8

Loi n° 49-956 du 16 juillet 1949 sur les publications destinées à la jeunesse
Dépôt légal : mars 2014
N° d'édition : 257532

Imprimé en Espagne par Egedsa

Sophie Lamoureux

Pour ! ou Contre !

L'actualité en débat

GALLIMARD JEUNESSE

Sommaire

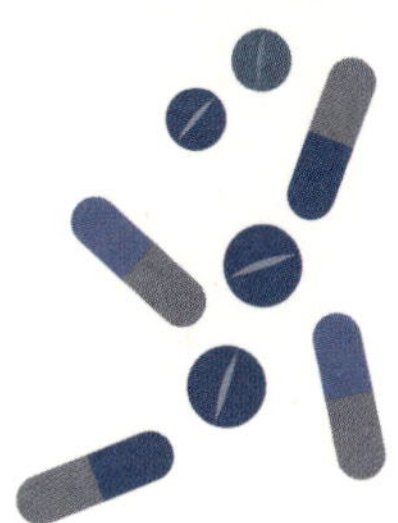

Éthique

Institutions

Société

Économie

Comment utiliser ce livre ?

De Éthique à Culture, le Pour ou Contre se compose de neuf chapitres. Chacun aborde les grands thèmes d'actualité essentiels à travers plusieurs angles : la définition des grandes notions opposées ; le traitement dans les médias ; les positions des partis politiques, des associations et des citoyens ; les pages de débat avec les principaux arguments « pour » ou « contre », complétés par des encadrés de chiffres, des positions des tenants ou adversaires, des mises en perspective par rapport à l'étranger…

Dans les médias

Du fait-divers à la petite phrase politique, cette rubrique décrypte comment un débat surgit dans l'actualité et le rôle des médias dans leur perception.

Assimilation et multicult

Dans les médias

Financement des mosquées, interdiction du port de la burqa, soulèvements dans les quartiers, débat sur l'identité nationale, régularisation des sans-papiers, droit de vote des étrangers aux élections locales… Chaque semaine, des faits-divers, débats ou projets de lois mettent l'immigration à la une des médias. À l'approche des échéances électorales, le jeu des petites phrases s'envenime : des hommes politiques stigmatisent les musulmans au nom de la défense du pacte républicain et de la laïcité. L'opposition réplique en dénonçant des propos inacceptables, condamne les discriminations et rappelle la contribution des immigrés aux comba[ts] passés pour la démocratie. Ainsi exploitée par les politiques, cette stratégie de la tension monte les citoyens les uns contre les autres et empêche de poser le débat dans toutes ses dimensions.

Définitions

62

Texte de présentation

Une courte introduction au début de chaque débat pose les enjeux du thème traité et donne les principaux arguments « pour » ou « contre ».

Arguments pour ou contre

Les principaux arguments sont développés sans parti pris et présentés en « miroir » : ils se répondent l'un et l'autre pour permettre au lecteur de se forger sa propre opinion.

Argument dominant

L'argument dominant est souligné, puis expliqué. Le contre-argument présente ensuite la position opposée apportée en réponse. L'argument dominant représente alternativement le camp des « pour » et celui des « contre », afin d'équilibrer le débat.

Pour | Contre

Le droit de vote des étrangers

À chaque élection locale revient la question du droit de vote des étrangers. Cette proposition figurait déjà dans le programme du candidat à la présidence de la République François Mitterrand en 1981. Autant dire que cette revendication heurte un vieux principe républicain suivant lequel citoyenneté et nationalité sont indissociables.

66

Débats

L'immigration choisie p. 64

Pour L'immigration choisie est l'un des grands thèmes du président de la République, Nicolas Sarkozy, et de son parti politique, l'UMP.

Contre Les associations contre le racisme. Tous les partis de gauche, du Parti socialiste au Parti communiste, en passant par le NPA et le Parti de gauche. À l'extrême droite, le Front national.

La régularisation des sans-papiers p. 65

Pour La gauche en général : le parti socialiste, le Parti de gauche, le NPA, le PCF. Ils refusent « l'immigration jetable » et dénoncent la précarité engendrée par la clandestinité.

Contre La droite et notamment l'UMP, Debout la République, le Front national, pour des raisons électoralistes ou parce qu'ils pensent qu'il faut freiner l'immigration, jugée trop importante.

Le droit de vote des étrangers p. 66

Pour La gauche en général. Au centre, le MoDem, et à droite, une partie de l'UMP. Ils estiment que tous les hommes installés sur le territoire français doivent avoir les mêmes droits en ayant le droit de participer aux élections locales.

Contre Une partie de l'UMP, Debout la République, le Front national. Ils défendent l'idée que le droit de vote est lié à la nationalité française. Il faut donc l'acquérir pour pouvoir voter.

La discrimination positive p. 67

Pour L'UMP, la gauche en général et les associations contre le racisme. Ils estiment que l'ascenseur social est en panne, et que la discrimination positive permet de contrer cette situation.

Contre Le MoDem, Debout la République, le Front national car ils défendent l'idée fondatrice de l'égalité de tous devant la loi.

63

Les notions

Chaque ouverture de chapitre s'articule autour de deux grandes notions et de leurs définitions. Elles permettent de mettre en perspective et de comprendre dans quelle logique plus profonde s'inscrivent les débats des pages suivantes.

Les débats

Pour chaque débat du chapitre, une liste des principaux partisans des arguments « pour » et ceux des « contre » est donnée. Elle offre un éclairage supplémentaire de l'articulation des débats dans l'actualité.

Les encadrés

L'affaire

Le fait-divers marquant du débat est rappelé dans ses grandes lignes.

Dans le monde

La perception du débat dans un ou plusieurs pays étranger offre une ouverture du sujet.

En chiffres

Les chiffres essentiels complètent la connaissance et la compréhension du débat.

Date

La date clé du débat est développée lorsqu'elle marque un tournant dans son histoire.

Portrait

Il livre la position singulière d'une personnalité (un intellectuel, un juriste…) qui enrichit le débat.

Ne pas confondre

Les mots du débat, prêtant à confusion, sont redéfinis pour une meilleure compréhension.

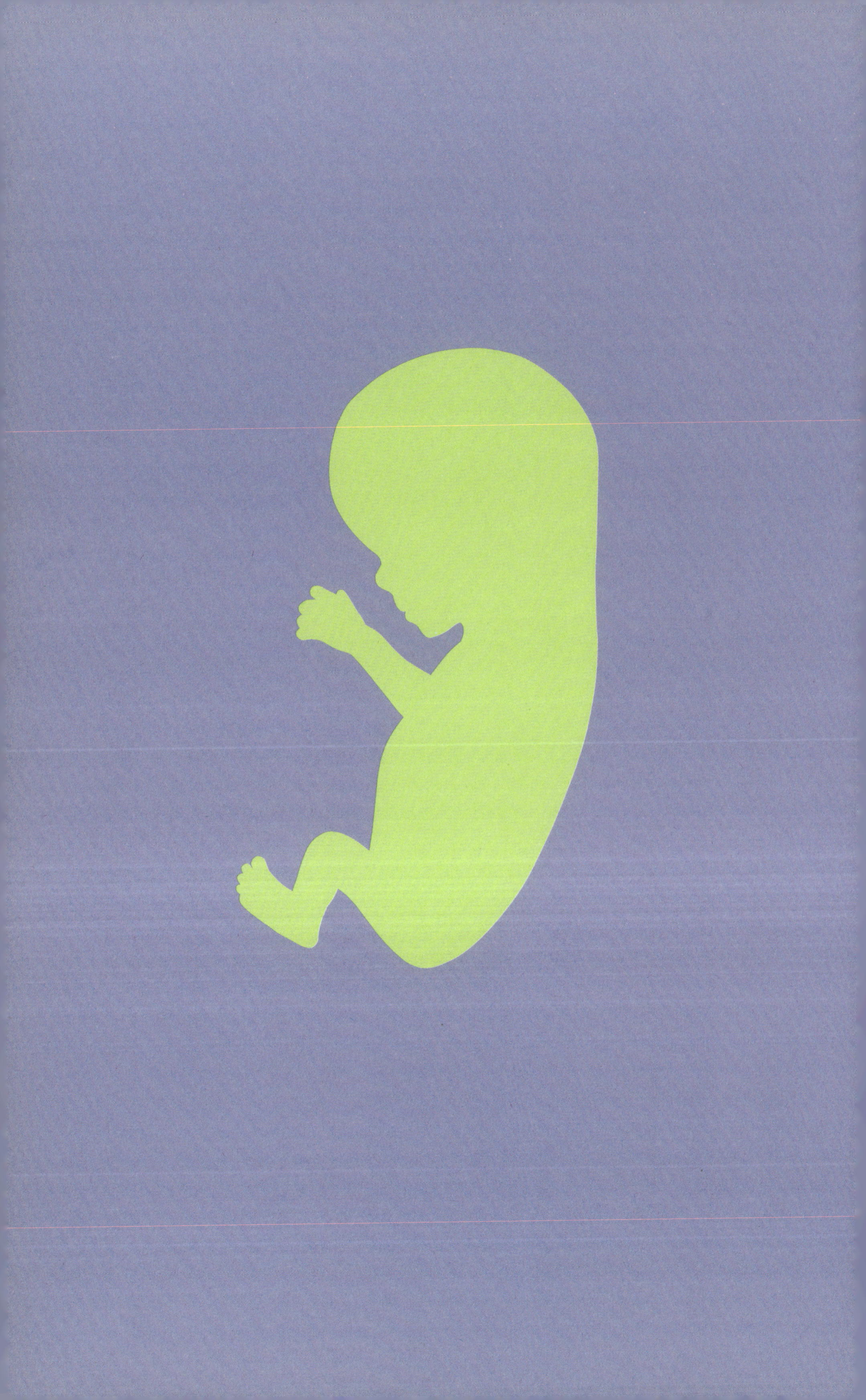

Éthique

Droits de l'homme et de l'

Dans les médias

Février 2008. Son visage défiguré fait la une des journaux. Chantal Sébire est atteinte d'une tumeur incurable. Soutenue par l'Association pour le droit de mourir dans la dignité, elle a choisi d'utiliser les médias pour réclamer une aide active à mourir. Conviés à son chevet, les journalistes se font l'écho de ses douleurs insupportables et critiquent la loi Leonetti de 2005 qui encadre la fin de vie. Tout le débat sur l'euthanasie est alors relancé à partir de ce cas particulier. Une fois de plus, c'est sous la pression de l'émotion que gouvernement et députés sont sommés de se prononcer. Au nom des droits de l'homme, les uns exigent la légalisation, tandis que les autres la rejettent. Le débat reste incompréhensible sans une redéfinition des droits de l'homme, souvent confondus avec les droits de l'individu que beaucoup revendiquent aujourd'hui.

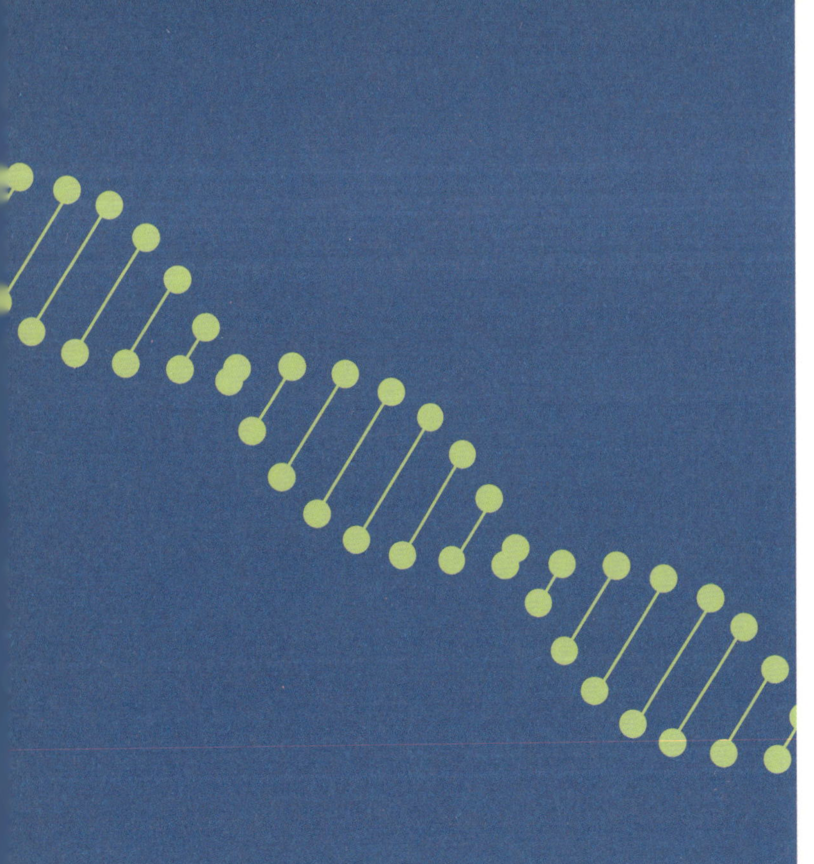

Définitions

Droits de l'homme En 1789, les droits fondamentaux (liberté, égalité, etc.) sont proclamés dans la Déclaration des droits de l'homme et du citoyen. L'homme envisagé ici est un être abstrait car il se veut universel, représentant tous les autres. « Ce qui constituait la dignité de l'homme était de s'élever au-dessus des particularités de chacun et de penser pour l'humanité en général », d'après le philosophe Marcel Gauchet.
Ces grands principes très généraux devaient permettre de définir une nouvelle société politique où la souveraineté appartenait désormais au peuple (et non plus au roi). Tous les hommes étaient ainsi déclarés libres et égaux, jouissant des mêmes droits et devoirs. Dans cette vision, c'est un idéal commun que l'on proclame et qui soude les membres du groupe.

ndividu

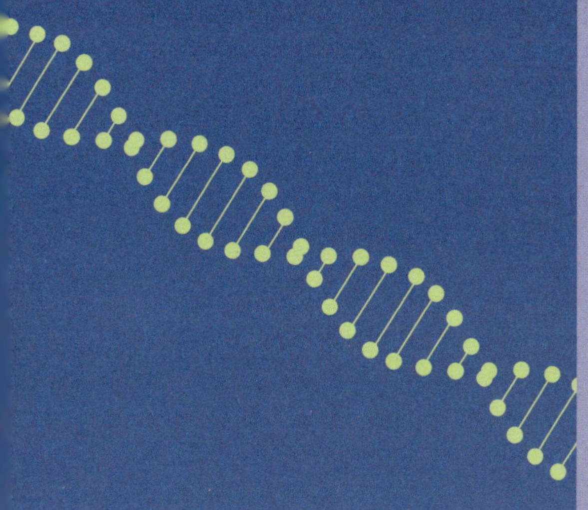

Droits de l'individu Dans les droits revendiqués aujourd'hui, il n'est plus question d'universalité, mais au contraire de singularité et d'autonomie individuelle. L'individu a le culte de la réussite personnelle et cherche à se trouver « lui-même » en s'affranchissant de tout engagement (politique, religieux, amoureux...). D'ailleurs, toutes les croyances se valent et peuvent s'affirmer également.
Détaché du lien social et refusant toute contrainte, l'individu considère l'État comme étant à son service, servant juste à reconnaître ses droits. Marcel Gauchet explique notamment que si tout le monde réclame des droits particuliers, aucune vision politique ne relie plus les membres du groupe. Or, sans valeurs communes, il devient impossible de s'inscrire dans le monde et de s'inventer un avenir.

Débats

L'euthanasie p. 12

Pour La gauche (PS, Parti de gauche, Verts, etc.), au nom du « droit de mourir dans la dignité », comme l'Association pour le droit de mourir dans la dignité.

Contre La droite est contre la légalisation : l'UMP estime que la loi Leonetti suffit, comme l'association Alliance pour les droits de la vie.

L'avortement p. 14

Pour Aucun parti politique n'envisage la suppression de la loi sur l'avortement. Féministes et associations « pro-choix » défendent ce « droit des femmes ».

Contre Les religions et les mouvements « pro-vie » considèrent l'embryon comme un être vivant. Des médecins refusent de pratiquer l'acte et brandissent la « clause de conscience » qui leur a été accordée.

L'homoparentalité p. 16

Pour Les partis de gauche se prononcent pour l'homoparentalité au nom de l'égalité de tous les citoyens quelle que soit leur préférence sexuelle.

Contre La droite rejette l'homoparentalité au nom du droit de l'enfant à avoir un père et une mère, pour se constituer, selon eux, dans l'altérité (la différence).

Les mères porteuses p. 17

Pour Des voix à l'UMP et au PS se sont prononcées pour, comme certaines féministes (Élisabeth Badinter), au nom de la « liberté des femmes de disposer de leur corps ».

Contre La plupart des socialistes, des membres de l'UMP et des féministes (Gisèle Halimi, Sylviane Agacinski) dénoncent cette marchandisation du corps.

Le clonage thérapeutique p. 19

Pour La gauche est plutôt pour, car elle ne reconnaît pas de statut à l'embryon. La plupart des scientifiques aussi, au nom de la liberté de la recherche.

Contre Ceux qui accordent le statut d'être humain à l'embryon pour des raisons religieuses ou philosophiques et la droite qui autorise cependant la recherche sur les embryons.

L'euthanasie

En France, l'euthanasie est interdite, mais 94 % des Français se disent pour ! Une telle majorité suffit à se demander si tous parlent de la même chose. La confusion entre euthanasie active et euthanasie passive (voir encadré) perturbe effectivement le débat. D'autant plus que le camp des POUR et celui des CONTRE se disputent les notions de liberté et de dignité.

Un progrès L'euthanasie représente un énorme progrès pour l'humanité. Avec elle, les hommes maîtrisent leur mort.

Une régression L'euthanasie représente une immense régression culturelle. Notre société a pour fondement la protection des plus faibles et l'interdit de tuer.

Un droit Chaque individu doit être libre de choisir l'heure de sa mort.

Une illusion Un mourant n'est jamais libre. Il est dans une situation d'extrême vulnérabilité où l'attitude de l'entourage est déterminante.

Perte de dignité L'euthanasie permet d'échapper à la déchéance et à la dépendance à l'égard d'autrui, incompatibles avec la dignité.

La dignité de l'homme Cela revient à dire que les malades, les vieux, les handicapés ont perdu leur dignité. La dignité ne se perd pas. Elle est inhérente à la qualité d'être humain.

La souffrance La fin de vie est souvent synonyme de grandes souffrances physiques.

Développer les soins palliatifs La médecine moderne sait aujourd'hui venir à bout de toutes les souffrances physiques.

La fin de vie est encore la vie. La fin de vie est un moment unique d'échanges, où le mourant donne une leçon de vie, surtout s'il se sent important jusqu'au bout.

Un chemin inutile L'euthanasie évite aux familles le poids d'une longue maladie, un accompagnement douloureux et inutile.

L'euthanasie active C'est l'administration d'une substance létale dans l'intention de provoquer la mort. Elle est interdite en France.
L'euthanasie passive Elle consiste à interrompre un traitement dont on sait qu'il ne pourra pas soigner le malade et ne sert qu'à le maintenir artificiellement en vie (en d'autres mots, l'acharnement thérapeutique). Elle est prescrite par la loi Leonetti de 2005.
Le suicide (médicalement) assisté Il est interdit en France. Il désigne le geste mortel auquel se livre une personne en s'administrant une drogue qui lui a été remise par un médecin. L'acte relève ainsi du malade et non du médecin.

Vincent Humbert
Vincent Humbert voulait-il vraiment mourir ou a-t-il été le porte-parole involontaire d'une cause qui le dépassait ? L'histoire de ce jeune homme de 22 ans, euthanasié en 2003 par sa mère relayée par un médecin, pose question. D'après sa mère, Marie Humbert, Vincent voulait mourir. D'après l'équipe soignante qui s'est occupée de lui pendant deux ans, Vincent n'a jamais émis un tel souhait. Présenté comme tétraplégique (paralysé des quatre membres) par sa mère, reprise par les médias et les partisans de l'euthanasie, Vincent Humbert jouissait d'une petite autonomie et ne souffrait pas physiquement, d'après son kinésithérapeute.

Plus d'un Français sur deux meurt à l'hôpital, alors que 80 % des Français souhaiteraient mourir chez eux entourés des leurs.
250 %, c'est l'augmentation du nombre d'euthanasies recensées entre 2003 et 2009 en Belgique (depuis la légalisation).
20 % des euthanasies ne seraient pas déclarées, aux Pays-Bas.
34 % des personnes qui ont recours au suicide assisté en Suisse ne souffrent pas de maladie mortelle. Certains ont moins de 30 ans.
(Journal of Medical Ethics, *2008*)

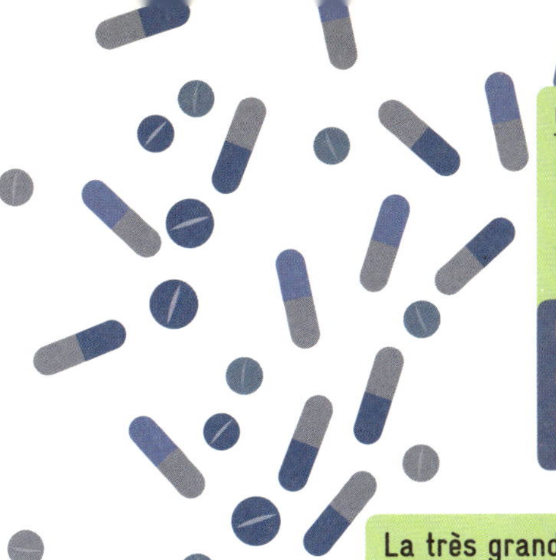

Contre les dérives L'euthanasie est pratiquée de toute façon. Il faut la légaliser pour sortir de l'hypocrisie et éviter les dérives.

Un exemple contradictoire Aux Pays-Bas (où l'euthanasie est légale), l'euthanasie clandestine se multiplie pour éviter les formulaires à remplir.

La très grande majorité des Français se prononce pour l'euthanasie.

Des Français mal informés L'euthanasie est une demande de bien portants. Beaucoup changent d'avis quand ils tombent malades.

Une injustice La légalisation mettrait un terme à une injustice sociale : aujourd'hui, seuls les riches peuvent faire le choix de l'euthanasie.

La fuite des plus riches Aux Pays-Bas, c'est l'inverse qui se produit : les personnes âgées riches fuient leur pays pour s'installer chez les voisins où ils savent qu'ils ne seront pas euthanasiés.

Volonté du malade Le médecin a le devoir de respecter la volonté du malade.

Volonté du médecin Le médecin a le devoir de respecter le serment d'Hippocrate par lequel il a juré de ne jamais provoquer la mort délibérément.

Un poids inutile Les six derniers mois de la vie sont excessivement et inutilement coûteux pour la Sécurité sociale.

Une motivation cachée Le véritable but de l'euthanasie est de régler les problèmes économiques et sociaux engendrés par les vieux, qui seront de plus en plus nombreux à l'avenir.

Lucien Israël

Ancien résistant, cancérologue de renom, le professeur Lucien Israël met en garde contre l'euthanasie active : « Je ne peux prendre au sérieux les déclarations de bien portants se disant prêts à mourir en cas de maladie. [...] Je ne leur conteste pas le droit de se faire disparaître eux-mêmes. Je m'indigne qu'ils osent exiger que leurs médecins se fassent leurs exécuteurs. Ils ne se rendent pas compte que, ce faisant, ils détruisent la culture dont ils se croient porteurs. [...] Ils donnent à leurs propres enfants l'image d'une société qui peut décider de ne pas s'encombrer des personnes en fin de vie, et qui leur suggère de se laisser tuer, voire de demander à être tuées, plutôt que de continuer à être. »

(Source : Les Dangers de l'euthanasie, éditions des Syrtes.)

Ailleurs en Europe

Trois pays européens ont légalisé l'euthanasie : les Pays-Bas en 2001, la Belgique en 2002 et le Luxembourg en 2008. La Suisse a rendu légale l'assistance au suicide, tout comme les États de l'Oregon et de Washington aux États-Unis.

Deux lois

En France, la « fin de vie » est encadrée par deux lois (loi de 2002 et loi Leonetti de 2005). Les idées fortes sont l'interdiction de l'euthanasie active, l'interdiction de l'acharnement thérapeutique, l'encadrement de l'euthanasie passive, le respect de la volonté des patients et l'obligation du médecin de soulager la douleur et donc de favoriser les soins palliatifs.

L'avortement

225 000 avortements par an en France. Le chiffre est stable depuis 20 ans. Pourtant, la loi de 1975 avait été arrachée avec la promesse que la légalisation serait temporaire et exceptionnelle. La pilule (tout juste autorisée) devait vite rendre son recours inutile. Près de 40 après, la lutte des pro-vie et des pro-choix reste viscérale.

Une liberté fondamentale La femme a le droit de disposer librement de son corps.

Le droit de l'enfant La femme n'est pas seule en jeu : elle porte la vie d'un être absolument unique que la société a le devoir de protéger.

L'embryon n'est pas une personne. Juridiquement, les droits de l'homme commencent à la naissance (« Les hommes naissent libres et égaux en droit* »). Ce qui fait la dignité humaine, c'est l'autonomie du vouloir. Il n'est pas suffisant d'avoir le génome humain.

*Déclaration des droits de l'homme et du citoyen

Un être humain La science a prouvé que l'embryon humain est déjà un être humain, puisqu'il possède en lui le principe de son propre développement. Il doit donc être reconnu comme une personne dès la conception.

Un problème de santé publique L'avortement doit être reconnu comme un acte médical comme les autres.

Clause de conscience L'avortement est un acte médical à part qui engage l'éthique de chacun. Pour preuve, la loi accorde aux médecins le droit de refuser de pratiquer cet acte.

Un mauvais argument Légaliser l'IVG ne fait pas augmenter le nombre d'avortements.

Manipulation des chiffres L'Ined a reconnu avoir surestimé les avortements clandestins annuels au début des années 1970 : ils n'étaient pas au nombre de 250 000, mais compris entre 50 000 et 100 000. La légalisation a donc augmenté le nombre des avortements.

Simone Veil
Première présidente du Parlement européen (1979-1982), ministre d'État (1993-1995), membre du Conseil constitutionnel (1998 -2007), élue à l'Académie française (2008) et présidente d'honneur de la Fondation pour la mémoire de la Shoah, Simone Veil représente une autorité morale aux yeux des Français. C'est en tant que ministre de la Santé en 1974 qu'elle se bat pour faire voter par l'Assemblée nationale la dépénalisation de l'IVG. À l'époque, elle déclare que l'avortement est un drame, mais qu'elle juge préférable la protection des femmes plutôt que la clandestinité. Récemment, elle ajoutait que l'avortement est « une question éthique » car « il est de plus en plus évident que, dès la conception, il s'agit d'un être vivant ».

85 % des femmes considèrent l'IVG comme un droit.
83 % des femmes considèrent que l'avortement laisse des traces psychiques.
40 % des femmes en âge de procréer ont connu un avortement.
6 % des femmes ayant eu une IVG en 2011 étaient des mineures.
72 % des IVG sont réalisées sur des femmes sous contraception.
96 % des fœtus dépistés comme porteurs de la trisomie 21 sont avortés.
7 millions d'embryons ou de fœtus ont été avortés depuis la loi de 1975 en France.
50 millions d'avortements dans le monde chaque année.

L'IVG L'interruption volontaire de grossesse désigne en France un avortement réalisé dans le délai légal de 12 semaines.
L'IMG L'interruption médicale de grossesse qualifie un avortement légal réalisé après le délai de 12 semaines, pour des raisons médicales, en particulier en cas de malformation du fœtus. Elle peut être pratiquée à n'importe quel moment de la grossesse.
Embryon Le terme est donné à un enfant en gestation jusqu'à la huitième semaine de grossesse.
Fœtus C'est le nom donné à l'enfant après la huitième semaine.

Avortement ou contraception L'avortement baissera avec la diffusion de la contraception.

Avortement = contraception Ce que les partisans de l'avortement affirment depuis 1975 est démenti dans les faits : l'avortement est devenu un moyen de contraception.

Conditions sanitaires La légalisation a réduit de façon spectaculaire le nombre de décès et les complications graves pour les femmes qui avortent.

Conséquences psychologiques L'avortement a des conséquences physiques et psychologiques sur les femmes (fausses couches, stérilité, cancer du sein, dépression, stress, angoisse...) et sur leur couple (séparation).

Un meilleur accueil L'IVG permet aux parents de contrôler l'arrivée d'un enfant et de l'accueillir dans les meilleures conditions.

La volonté de contrôle Les 3/4 des avortements se font pour convenance personnelle (« ce n'est pas le bon moment »). C'est le signe d'une société matérialiste qui a perdu la valeur de la vie et veut tout contrôler.

Tous des fachos C'est l'extrême droite catholique et intégriste qui est contre l'avortement.

À gauche aussi C'est la caricature qu'en donnent les médias. Mais on trouve des opposants à l'avortement dans toutes les tendances politiques (par exemple, les Socialistes pour la vie).

Un accès difficile L'accès à l'IVG est de plus en plus compliqué en raison de la fermeture de nombreux centres depuis 10 ans.

Un chiffre stable La diminution des centres pratiquant l'IVG fait partie de la réforme générale des hôpitaux (fermeture des petits établissements au profit des gros). Elle n'a pas changé le nombre d'IVG, qui est resté stable.

Moins d'enfants malades Grâce à l'avortement et aux dépistages des maladies, le nombre de naissances d'enfants malades ou souffrant de malformations a considérablement diminué.

Eugénisme masqué Éliminer les fœtus souffrant d'une pathologie, cela s'appelle de l'eugénisme. C'est porter atteinte à la vie d'une personne parce qu'elle est malade ou faible et c'est interdit par la loi.

La loi Veil

Le 21 décembre 1974, le Parlement adopte la loi Veil (promulguée en janvier 1975) qui dépénalise l'IVG à condition que la grossesse place la femme « dans une situation de détresse » et pour une période temporaire de 5 ans. L'article 1 de la loi précise : « La loi garantit le respect de tout être humain dès le commencement de la vie, il ne saurait être porté atteinte à ce principe qu'en cas de nécessité. » Le 31 décembre 1979, le Parlement confirme la loi de 1974. En 1982, le remboursement de l'acte par la Sécurité sociale est voté. La loi de 2001 assouplit celle de 1974 : la condition de situation de détresse est abandonnée, le délai légal est allongé de deux semaines (de 10 à 12 semaines de grossesse), l'entretien pré-IVG pour les majeures et l'autorisation parentale pour les mineures deviennent facultatifs, les médecins de ville peuvent prescrire la RU486 (avortement médicamenteux).

Le manifeste des 343

Le 5 avril 1971, *Le Nouvel Observateur* publie une pétition signée par 343 femmes réclamant la légalisation de l'avortement et déclarant avoir elles-mêmes avorté. Rédigé par l'écrivain et philosophe Simone de Beauvoir, le manifeste prétend qu'« Un million de femmes se font avorter chaque année en France. » C'est faux, mais cela provoque le choc espéré dans la population. D'autant plus que ce manifeste est signé par des personnalités comme Catherine Deneuve, Stéphane Audran, Jeanne Moreau, Nadine Trintignant... À la suite d'un dessin de Cabu dans *Charlie Hebdo*, il gagne son surnom de « Manifeste des 343 salopes ».

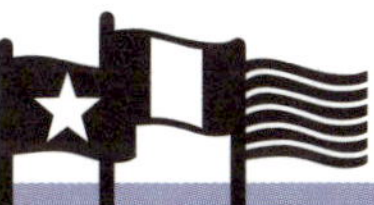

À l'étranger

Dans la majorité des pays, la loi n'autorise l'avortement que dans des conditions exceptionnelles : lorsque la vie de la mère est menacée (possible dans 98 % des pays) ou lorsqu'il y a un risque pour la santé physique ou mentale de la mère ou de l'enfant (68 %). Seuls 56 pays (28 %) permettent les interruptions de grossesse non motivées, en accompagnant en général ce droit d'un délai légal (souvent 12 semaines de grossesse). Dans l'Union européenne, ce délai maximum varie entre 8 semaines au Portugal et 24 en Grande-Bretagne. Seuls trois pays n'ont pas légalisé l'avortement : l'Irlande, Malte et Chypre. Auxquels peut s'ajouter la Pologne, qui applique des conditions très restrictives.

L'homoparentalité

Les couples homosexuels revendiquent de pouvoir fonder une famille et d'avoir des enfants, soit par adoption, soit par procréation assistée. Ils accusent ceux qui refusent la légalisation de l'homoparentalité d'être homophobes. Eux ripostent droit des enfants et modèle de société.

Les couples homosexuels ont le droit, comme les autres, d'avoir des enfants. Leur refuser, c'est de la discrimination.

Droits de l'enfant Le droit d'avoir des enfants n'existe pas. L'enfant n'est pas un objet, mais un sujet qui a des droits. La société se doit d'offrir les mêmes droits à tous (avoir un père et une mère) ou bien ce sont les enfants qui seraient victimes de discrimination.

Une garantie d'amour
Les homosexuels sont capables de donner autant d'amour à un enfant qu'un couple hétérosexuel. Et parfois même plus, car ils ont vraiment désiré cet enfant.

Nécessaire mais pas suffisant L'amour ne suffit pas pour se structurer. Un enfant construit inconsciemment son identité par rapport à la différence sexuelle de ses parents.

Des modèles extérieurs Un couple homosexuel ne vit pas en vase clos : l'enfant rencontre des hommes et des femmes hors de chez lui qui peuvent lui servir de modèles.

Maman et les femmes La différence des sexes pour un enfant, ce n'est pas simplement savoir qu'il y a des hommes et des femmes, c'est vivre la différence entre papa et maman et entre soi et maman et papa. Nier cette différence des sexes et prétendre que c'est la même chose, c'est nier le réel.

Un concept réactionnaire
La famille est une institution bourgeoise dépassée. Les femmes l'ont fait évoluer en se battant contre le modèle patriarcal. Elle doit encore évoluer vers plus de tolérance.

Accepter l'autre pour vivre en société
L'existence de la famille est fondée sur la reconnaissance intime de l'altérité (un homme, une femme). Ce modèle permet à l'enfant d'intégrer la notion de différence. Or, « la différence, c'est le socle même de la fabrication de la pensée », explique le pédiatre Aldo Naouri.

L'homoparentalité adoptive
Elle désigne l'adoption d'un enfant par un couple homosexuel. En France, un célibataire homosexuel peut adopter. En revanche, l'adoption créant un lien juridique entre un enfant et deux personnes du même sexe n'est pas possible.
L'homoparentalité procréative
Elle consiste à avoir un enfant en ayant recours à une mère porteuse pour les hommes ou à une fécondation *in vitro* pour les femmes.
La coparentalité C'est le fait de concevoir un enfant à deux couples homosexuels – un de femmes et un d'hommes – *via* une insémination « artisanale » ou artificielle et de « partager » ensuite son éducation.

24 000 à 40 000 enfants sont élevés par des couples homosexuels (enfants pour la plupart issus d'une union hétérosexuelle antérieure), soit environ 0,2 % des enfants en France.
(Source Ined)
41 % des Français se déclarent en faveur de l'adoption par les couples homosexuels.
(Sondage CSA / BFMTV / avril 2013)

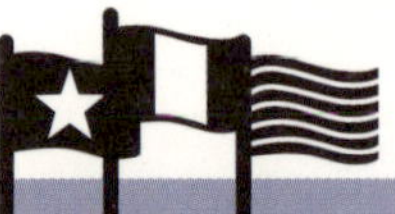

Dans l'Union européenne
Neuf pays européens admettent l'adoption de l'enfant du conjoint ou d'un enfant venant de l'étranger par les couples homosexuels (Allemagne, Belgique, Danemark, Espagne, Islande, Norvège, Pays-Bas, Royaume-Uni et Suède). Ailleurs, elle est possible dans certains États des États-Unis (Californie, New York, Washington...), du Canada et de l'Australie, et depuis 2009, en Uruguay.

Les mères porteuses

Le recours à des mères porteuses a toujours existé. La nouveauté aujourd'hui, c'est la gestation pour autrui (GPA), le fait de porter un enfant, conçu en dehors de tout rapport charnel grâce aux techniques de fécondation *in vitro* et d'insémination artificielle. La France interdit cette pratique mais 51% des Français y sont favorables*.

(* Source : sondage Ifop / Femme actuelle, mars 2013)

Le droit à l'enfant La GPA représente un espoir immense d'avoir un enfant pour les couples stériles et les homosexuels.

Le droit de l'enfant La GPA nie l'importance des échanges entre la mère et le fœtus sur le développement psychique et affectif de l'enfant. Il aura le sentiment d'avoir été abandonné par celle qui l'a porté.

De quel droit interdire? Une mère porteuse doit être libre de disposer de son corps et de pouvoir porter un enfant pour autrui. C'est une atteinte à sa liberté que de le lui refuser.

Une injustice réparée La légalisation est le signe d'une société plus juste où toutes les femmes peuvent avoir leur bébé.

Utérus à louer Autoriser la GPA, c'est commercialiser le corps humain, asservir la femme et porter atteinte à la valeur symbolique de la maternité. C'est le signe d'une société marchande où tout s'achète, même les bébés.

Un don comme un autre Mettre ses capacités procréatives à la disposition d'autrui est un geste généreux tout comme donner un rein. Or, le don d'organes est accepté.

Un enfant n'est pas un organe. En France, le don d'organes entre vivants vise à sauver des vies, pas à satisfaire un désir. Il est autorisé, à titre exceptionnel, entre des membres d'une même famille, et exclu tout paiement.

Un nouvel esclavagisme Les jeunes femmes pauvres n'auraient jamais pensé à louer leur utérus s'il n'y avait pas de riches clients demandeurs. La légalisation reviendrait à autoriser l'exploitation des plus faibles. De plus, aucun choix n'est laissé aux enfants et aux familles des mères porteuses.

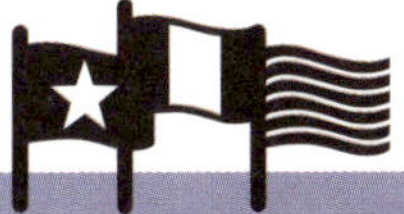

Le monde diverge

L'Afrique du Sud, le Brésil, l'Argentine, certaines provinces canadiennes, quelques États américains, la Géorgie, l'Inde, Israël, l'Ukraine autorisent la gestation pour autrui. Au sein de l'UE, certains pays l'autorisent sous conditions ou la tolèrent comme la Belgique, le Danemark, la Grèce, les Pays-Bas, la Grande-Bretagne. D'autres la prohibent explicitement : l'Allemagne, l'Espagne, la France, l'Italie.

Mère porteuse gestatrice

Une mère porteuse est uniquement gestatrice si elle « prête » son utérus, et si les ovocytes ne sont pas les siens (utilisation de ceux de la femme qui obtiendra l'enfant à sa naissance ou ceux d'une donneuse).

Mère porteuse gestatrice et génitrice Une mère porteuse est gestatrice et génitrice si ce sont ses ovocytes qui sont utilisés. Dans ce cas, elle est la mère biologique de l'enfant à naître.

Baby M

Baby M est le surnom donné à une petite Américaine, née en 1986, qui est devenue l'enjeu d'un procès entre sa mère porteuse et son père biologique. La mère porteuse, Mary Beth Whitehead, avait été inséminée artificiellement par William Stern, sa femme souffrant d'une sclérose en plaques. À la naissance, la mère porteuse refusa de donner le bébé. Un premier jugement confia l'enfant à son père biologique, William Stern, et autorisa sa femme à l'adopter. En appel, un juge refusa l'adoption, mais laissa l'enfant aux Stern tout en accordant un droit de visite à la mère porteuse.

Le clonage reproductif

Le clonage reproductif consiste à obtenir un nouvel individu ayant exactement le même patrimoine génétique que l'individu de départ. Techniquement, il est désormais envisageable. Éthiquement, il est condamné par l'immense majorité des scientifiques. Des apprentis sorciers clament pourtant leur intention de réaliser le premier clonage d'un être humain.

Un droit fondamental Les individus doivent pouvoir disposer librement de leur corps et donc se cloner.

Atteinte à la dignité humaine Le principe même du clonage est une atteinte à la dignité humaine. Chaque être humain est absolument unique et irremplaçable. Le clone ne peut avoir d'existence propre puisqu'il est réduit à être l'image de son donneur.

Maladies héréditaires Le clonage permettrait d'éviter les risques de transmission de maladies graves à ses enfants.

Eugénisme C'est un moyen détourné de sélectionner les êtres humains et c'est interdit par la loi.

La solution à la stérilité Le clonage pourrait permettre à des couples stériles ou homosexuels d'avoir des enfants.

Une victoire sur la mort On pourrait faire revivre une personne morte, comme un mari ou un enfant.

Fils ou frère? L'enfant né ainsi ressemblerait physiquement comme un jumeau à l'un de ses « parents ». On imagine les troubles de l'identité et de la personnalité qui découleraient d'une telle situation tant pour le clone que pour les clonés.

Une immortalité illusoire Un clone et son donneur ne sont pas les mêmes individus. Ils n'ont pas la même histoire ni le même environnement. Même biologiquement, ils ne sont pas l'exacte réplique l'un de l'autre.

Pour la recherche Pour progresser, la recherche a besoin d'être entièrement libre. Personne ne sait ce que l'on pourrait trouver en développant les recherches sur le clonage.

Au service de la société C'est à la société de fixer le cadre de la recherche et non aux chercheurs.

77 % des Français se disent scandalisés par le clonage reproductif humain.
(Source : sondage CSA 2003)

13 % seulement des Français ne font pas confiance à la science contre 29 % en 2005.
(Source : sondage CSA, septembre 2007)

30 ans de prison, c'est ce que l'on risque en France si on entreprend des recherches sur le clonage reproductif.

Des tentatives

En 2001, la firme américaine *Advanced Cell Technology* annonce avoir créé un embryon humain par clonage à des fins thérapeutiques. L'embryon est mort au stade de six cellules. Le controversé gynécologue italien Severino Antinori affirme, en 2002, qu'il a obtenu une grossesse par clonage avant de se rétracter. Brigitte Boisselier, présidente de la société Clonaid, créée par la secte des raéliens, annonce, de son côté, la naissance d'Eve, premier bébé cloné. Aucune preuve scientifique n'a jamais été donnée.

L'affaire Hwang Woo-suk

En 2006, en Corée, le professeur Hwang Woo-suk est inculpé pour « fraude, détournement de fonds et violation des lois sur la bioéthique ». Réputé pour ses recherches sur les cellules souches, il avait prétendu en 2004 avoir formé par clonage une lignée de cellules souches embryonnaires. L'année suivante, Hwang avait affirmé avoir produit 11 lignées de cellules souches, chacune à partir d'une personne différente. À la suite d'une série de rumeurs, une commission d'enquête de l'université de Séoul a prouvé que les résultats avaient été falsifiés.

Le clonage thérapeutique

Le clonage thérapeutique consiste à générer un embryon à partir de cellules d'un malade pour développer des cellules souches afin de le soigner. Cette technique divise les scientifiques. Pour les uns, le terme « thérapeutique » a été ajouté pour tromper l'opinion publique et cacher sa véritable nature. Pour les autres, il s'agit d'une révolution scientifique.

Pas encore un homme Le clonage thérapeutique s'arrête à un stade précoce du développement embryonnaire, alors que le système nerveux n'est pas encore formé.

Instrumentalisation Créer un embryon humain pour s'en servir comme matériel de recherche et ensuite le détruire, c'est créer une classe de sous-humains qui n'existe que pour réaliser la finalité des autres.

Soigner des maladies graves Les applications du clonage thérapeutique sont multiples. Il permettrait notamment de contourner les problèmes de rejet lors des greffes.

D'autres pistes à privilégier Le clonage n'est plus la seule piste envisageable pour se procurer des cellules souches. Il serait possible de les produire à partir de tissus adultes (moelle osseuse, muscle, etc.).

Deux recherches séparées Le clonage thérapeutique n'a rien à voir avec le clonage reproductif puisqu'il se déroule exclusivement *in vitro* (pas d'implantation dans l'utérus). Son but est de sauver des patients, pas de créer un clone.

La porte ouverte Le clonage thérapeutique est aussi contestable que le clonage reproductif. La technique utilisée est strictement la même pendant les premiers jours de la vie. Le clonage thérapeutique est même pire puisqu'il détruit les embryons.

La science avance coûte que coûte. Le clonage thérapeutique est déjà autorisé dans plusieurs pays. Les chercheurs français seront contraints de partir pour l'étranger ou de renoncer.

Dispersion des efforts La recherche sur le clonage disperse les ressources et freine celles sur les cellules souches adultes qui sont reconnues comme beaucoup plus prometteuses et ne soulevant aucun problème éthique.

Dans le monde

Le clonage divise les États. En 2005, après quatre ans de travaux, la commission juridique de l'ONU ne réussit à adopter qu'une déclaration de principe interdisant « toutes les formes de clonage humain » incompatibles avec la « dignité » et la « protection de la vie humaine ». Par contre, elle ne se prononce pas sur le clonage thérapeutique. Trois grandes tendances se dessinent donc : l'interdiction de toute manipulation ou recherche sur les embryons (Irlande, Allemagne, Autriche, Hongrie, Pologne, Norvège, Tunisie, Suisse, Brésil, Pérou, Équateur…), l'autorisation de la recherche mais pas la création d'embryons à des fins de recherche (Canada, Suède, Finlande, Espagne, Danemark, Grèce, Slovénie, Slovaquie…), la recherche et la création autorisées (Royaume-Uni, Pays-Bas, Belgique).

La brebis Dolly

Elle est née en 1996 et ressemble comme deux gouttes d'eau à sa donneuse. Dolly est le premier mammifère cloné au monde. Sa naissance a été obtenue par une équipe écossaise par transfert du noyau d'une cellule adulte. Cette technique consiste à prélever une cellule sur un être vivant adulte, ici une brebis, et à en prélever le noyau pour le placer dans un ovule énucléé (auquel on a enlevé le noyau) d'une future mère porteuse. Pour la fabriquer, il a fallu mettre en culture 277 embryons, parmi lesquels un seul est parvenu à terme. En 1999, les chercheurs ont constaté que Dolly présentait un vieillissement accéléré. Elle a été euthanasiée en 2003 pour un problème pulmonaire.

Les lois bioéthiques en France

En 1994, les premières lois bioéthiques en France posent le principe d'une interdiction absolue du clonage (reproductif et thérapeutique) et des recherches sur les embryons. La révision de 2004 permet des dérogations pour les recherches sur les embryons surnuméraires (conçus lors des fécondations *in vitro*), sous condition de « progrès thérapeutiques majeurs », pour une période de cinq ans. En 2011, la nouvelle révision de la loi entérine ce régime dérogatoire et annule la limitation de durée, mécontentant ainsi tout le monde. En 2013, la loi autorise la recherche sur l'embryon et les cellules souches embryonnaires, sous certaines conditions (pertinence scientifique, finalité médicale…). Cette recherche ne peut être menée qu'à partir d'embryons conçus in vitro.

RF

Institutions

Démocratie et oligarchie

Dans les médias

Qu'il s'agisse du vote d'une loi ou d'une interview du président, les journalistes donnent vie aux informations politiques en utilisant les personnalités des hommes et femmes politiques. Ils ont ainsi tendance à privilégier les « bons clients », ceux qui sont à l'aise et manient la petite phrase. C'est d'ailleurs autour de cette formule courte et souvent explosive que tout le débat s'organise et se réduit. Les médias se bousculent pour obtenir les réactions des opposants qui surenchérissent à leur tour pour occuper l'espace médiatique. Des événements sont ainsi créés de toutes pièces pour passer dans les médias, les journalistes devenant acteurs de l'information et non plus simples observateurs. Ils sont alors l'objet de pressions ou de manœuvres de séduction et leur rôle de contre-pouvoir essentiel à toute démocratie est remis en question.

Définitions

Démocratie Une démocratie est un régime politique où le pouvoir – la souveraineté – est détenu par le peuple. Le grand principe de la démocratie consiste dans la séparation des trois pouvoirs : l'exécutif – qui met en œuvre les lois –, le législatif – qui vote les lois – et le judiciaire – qui rend la justice selon la loi. Cette disposition fondamentale a été mise au point par les philosophes des Lumières pour empêcher le pouvoir de devenir despotique. Les trois pouvoirs doivent aussi être équilibrés pour se modérer mutuellement. Une démocratie suppose également la liberté d'expression et la pluralité des partis politiques. Tous les citoyens doivent avoir accès à la carrière politique et les représentants du peuple doivent être représentatifs de la population.

Oligarchie Une oligarchie est un régime politique dans lequel les pouvoirs sont détenus par un petit nombre d'individus, généralement la classe sociale la plus riche. Toutes les fonctions politiques sont captées ainsi par une petite caste de privilégiés.
La France est aujourd'hui accusée par certains observateurs d'être une oligarchie : ainsi, 70 % des députés sont issus des catégories supérieures. Les députés employés (5 %) et ouvriers (0,9 %) ne représentent que 5,9 % des députés, alors que ces deux catégories constituent plus de la moitié des actifs en France. De plus, environ 80 % des parlementaires français cumulent plusieurs mandats, contre 10 % en Allemagne et 13 % en Grande-Bretagne.

Débats

Un président tout-puissant p. 24

Pour La France possède une tradition autoritaire très forte (monarchie, bonapartisme, gaullisme) et les Français apprécient la personnalisation du pouvoir présidentiel, « l'homme providentiel ».

Contre Une partie des socialistes, l'extrême gauche et les Verts, qui se sont prononcés en 2004 pour une VIe République rompant avec la « tradition bonapartiste » et pour le renforcement des pouvoirs du Parlement.

Le non-cumul des mandats p. 25

Pour Une partie du gouvernement socialiste, le Front national, le Modem, Europe-Écologie les Verts et le Front de gauche.

Contre Certains socialistes, dont 25 sénateurs socialistes (sur 128), ont refusé de voter la loi interdisant le cumul des mandats en 2013 (45 sénateurs PS n'ont pas pris part au vote et 7 se sont abstenus). Ils ont voté avec les sénateurs UMP et UDI trois amendements qui permettraient aux sénateurs de cumuler leur fonction avec un mandat local.

Limiter la liberté d'expression p. 26/27

Pour Tous les partis politiques, les associations contre le racisme et en faveur des droits de l'homme.

Contre Les libéraux, les libertaires, les anarchistes, des journalistes. Ils considèrent que la libre expression est la condition *sine qua non* pour qu'une démocratie fonctionne. La limiter, c'est la censurer.

Pour Contre

Un président tout-puissant

« Le Premier ministre est un collaborateur. Le patron, c'est moi », clamait Nicolas Sarkozy peu après son élection à la présidence de la République en 2007. Le nouveau président affichait ainsi au grand jour le présidentialisme de la Vᵉ République. Efficace pour les uns, autoritaire pour les autres, ce système est contesté depuis ses débuts, mais doit bien présenter quelques avantages pour rester en place...

Le choix des Français Le président de la République est le seul à être élu par tous les Français. Il est normal qu'il puisse mettre son programme en œuvre.

Le président doit être rassembleur. Une fois élu, le président doit être le président de tous les Français et non pas seulement celui de la courte majorité qui l'a élu. Et, pour cela, il doit rester en retrait.

Une situation légitime Une Constitution peut aussi bien prévoir que la légitimité d'un gouvernement est conférée par l'Assemblée nationale ou par le président de la République.

Un pouvoir confisqué En France, la Constitution prévoit que l'Assemblée nationale donne sa légitimité au gouvernement. En réalité, il la tient du président de la République – puisque la majorité parlementaire suit le président, celui-ci lui impose sa volonté.

Une tradition française Cela fait partie de l'histoire et de la culture des Français de s'en remettre à un homme dit « providentiel ».

Une dérive absolutiste Le pouvoir du président de la République n'est pas limité : non seulement, il n'est pas responsable devant l'Assemblée de sa politique – seul le Premier ministre l'est – mais, en plus, il peut dissoudre l'Assemblée.

Une plus grande efficacité Il est plus efficace qu'un homme seul dirige pour éviter les blocages.

Un système antidémocratique La démocratie repose sur le principe que les discussions et les confrontations sont indispensables à l'émergence des meilleures idées.

La Constitution de la rupture

En 1958, en pleine guerre d'Algérie, le général de Gaulle est nommé président du Conseil (le Premier ministre aujourd'hui) de la IVᵉ République. Il charge son équipe d'élaborer une nouvelle Constitution pour renforcer le pouvoir exécutif et rompre ainsi avec le régime parlementaire des IIIᵉ et IVᵉ Républiques (1875-1958), surnommé le « régime des partis » en raison de son instabilité. La nouvelle Constitution accorde donc une place dominante au pouvoir exécutif par rapport au législatif. Le Parlement qui était au centre du jeu politique – il élisait le président de la République – devient une simple chambre d'enregistrement des projets de loi déposés par le gouvernement, sans avoir un réel contrôle sur ce dernier ou sur le président.

Présidentialisme C'est un régime politique où le pouvoir du président de la République n'est pas (ou peu) limité par un autre pouvoir. La Vᵉ République française est ainsi reconnue comme ayant une très forte tendance au présidentialisme.

Régime présidentiel
Dans ce régime, tel qu'il existe aux États-Unis, par exemple, le Président est à la fois le chef de l'État et le chef du gouvernement (il n'y a pas de Premier ministre). Cependant, il n'a pas le pouvoir de contraindre le pouvoir législatif et inversement. Les trois pouvoirs (exécutif, législatif et judiciaire) sont strictement séparés et équilibrés par un système croisé de contrôle et d'approbation.

Le président des Français

Le 28 octobre 1962, le général de Gaulle propose aux Français *via* un référendum d'élire leur président de la République au suffrage universel. Ils répondent « oui » à 62 %. Cette élection renforce encore le pouvoir du président : il est le seul personnage de l'État à être élu directement par tous les Français. Les députés, eux, ne sont élus que dans le cadre de leur circonscription. Le président tire ainsi une légitimité renforcée de son élection. Par cette décision, le général de Gaulle voulait passer au-dessus des partis politiques, dont les dissensions paralysaient la IVᵉ République. Dans la pratique, c'est un nouveau système de partis qui a vu le jour. La nouvelle majorité se définit désormais par son soutien au Président.

Le non-cumul des mandats

Cumuler un mandat parlementaire (député, sénateur, député européen) avec un mandat exécutif local (maire, président ou vice-président de conseil général ou régional) ne sera peut-être plus possible à partir de 2017. Ce serait la fin d'une exception française !

Absentéisme parlementaire Les députés « cumulards » ne peuvent pas bien voter les lois et contrôler le gouvernement.

Contact avec la réalité Le cumul avec un mandat local permet aux parlementaires de rester proches de leurs électeurs et d'avoir ainsi une meilleure connaissance des réalités. Notamment pour les sénateurs qui représentent les collectivités territoriales.

Ouverture de la caste politique Le non-cumul favoriserait le renouvellement et l'ouverture du personnel politique à de nouvelles personnes hors des dynasties d'élus existantes.

Faux calcul Face aux 36 000 maires de France, il est absurde de penser que la limitation du cumul pour quelques centaines de parlementaires (députés et sénateurs) va transformer la classe politique.

Décision démagogique Il ne faut pas croire que le cumul des mandats signifie cumul des rémunérations. Celles-ci sont actuellement plafonnées à 1,5 fois le montant de l'indemnité de député ou de sénateur.

Otages des électeurs Le principal souci des parlementaires est d'être réélus. Pour cela, ils doivent donner satisfaction à leurs électeurs. Chaque député attend donc de l'Assemblée qu'elle vote une loi en faveur de sa circonscription, en échange de quoi ce député fera de même pour ses collègues. Dès lors, c'est un véritable marchandage qui se retrouve à l'origine de certaines lois.

Contre-pouvoir La présence d'élus locaux au Parlement contribue à l'équilibre des pouvoirs dans notre régime trop présidentialisé. Leur statut d'élus leur donne plus de puissance et d'indépendance face au pouvoir exécutif et à leur parti politique.

Cumul de pouvoirs Les revenus ne s'additionnent pas, mais les pouvoirs de chaque mandat, oui. Les « cumulards » profitent de leurs multiples fonctions pour avantager leur ville ou circonscription aux dépens de l'égalité des territoires.

Michel Delebarre, champion
3 mandats et 23 fonctions ! Le maire socialiste de Dunkerque est aussi président de la communauté urbaine et sénateur du Nord. À côté de ces trois mandats, il préside une société HLM, une télévision et des syndicats mixtes. Il est aussi au conseil d'administration du Conservatoire du littoral et s'occupe de l'assemblée des communautés urbaines de France. Entre autres… Michel Delebarre en profite pour avantager son territoire. Président de région jusqu'en 2001, il a fait venir dans sa ville le Fonds régional d'art contemporain. Président du Centre national de la fonction publique territoriale, il a localisé chez lui l'un de ses quatre instituts… Mais, il fait partie des sénateurs les moins présents au palais du Luxembourg depuis deux ans…

(Source : L'Express.fr, 10/09/2013)

476 députés sur **577** (82 %) et **267** sénateurs sur **348** (77 %) ont au moins un autre mandat électif. Ces élus sont le plus souvent à la tête d'un exécutif local : 261 députés (45 %) et 166 sénateurs (48 %) sont soit maires, soit présidents de conseil général, soit présidents de conseil régional.

12 870 € brut par mois, c'est le revenu d'un député (**7 100 €** brut par mois d'indemnité mensuelle + **5 770 €** brut par mois d'indemnité de frais de mandat ou frais de représentation).
13 340 € brut par mois, c'est le revenu d'un sénateur (**7 100 €** brut par mois d'indemnité mensuelle + **6 240 €** brut par mois d'indemnité de frais de mandat ou frais de représentation).
À ces rémunérations, il faut ajouter de nombreux avantages ainsi que la rémunération des collaborateurs.

(Source : Journal du net, 11/09/2013)

L'exception française
L'importance du cumul des mandats en France la propulse au rang d'exception en Europe, où la proportion d'élus en situation de cumul ne dépasse pas 20 %. En Italie, 16 % des parlementaires exercent au moins un autre mandat, ils ne sont que 15 % en Espagne, 13 % en Grande-Bretagne et 10 % en Allemagne.

(Source : Direction de l'information légale et administrative – 2012)

Pour Contre

Limiter la liberté d'expression en France

« Je ne suis pas d'accord avec ce que vous dites, mais je me battrai jusqu'à la mort pour que vous ayez le droit de le dire », aurait dit Voltaire. Critiquée dès 1789, la liberté d'expression a toujours été limitée en France. Depuis 1972, le nombre de lois s'est multiplié, ce qui prouve bien leur inutilité, d'après leurs opposants.

Dans le cadre de la loi La Déclaration de 1789 précise en particulier : « Pourvu que leur manifestation (celle des opinions) ne trouble pas l'ordre public établi par la Loi. » Il faut donc que la loi encadre la liberté d'expression.

Au nom de la liberté La liberté d'expression est reconnue comme l'un des droits les plus fondamentaux des hommes. La Déclaration des droits de l'homme et du citoyen de 1789 proclame : « Nul ne doit être inquiété pour ses opinions, même religieuses. »

La protection de l'État de droit Dans une démocratie, le pouvoir est encadré et ses décisions sont discutées au Parlement avant de devenir des lois.

Contre la tyrannie Seule la liberté d'expression permet de contrer l'arbitraire du pouvoir. Or, quand on la limite, c'est le pouvoir lui-même qui s'en charge.

Les mots sont des armes. Les crimes commencent toujours par l'expression d'opinions dangereuses.

La parole soigne. Les actes sont répréhensibles, pas les paroles. Ce n'est pas en interdisant les opinions qu'on les élimine. Au contraire, cela les stimule. Alors qu'en les laissant s'exprimer, elles s'évanouissent d'elles-mêmes.

La pédagogie de la loi La loi, comme le tabou, possède une valeur éducative. Interdire la haine de l'autre empêche les gens de céder à leurs pulsions les plus malsaines.

La dictature du politiquement correct C'est défendre une vision très pessimiste de l'homme. Limiter la liberté d'expression aboutit à bannir toute idée dissidente. Or, sans la confrontation des arguments, la pensée ne peut pas se former et il ne peut y avoir de démocratie.

1881

La loi fixe la liberté

Proclamée en 1789 comme l'un des droits fondamentaux de l'homme, la liberté d'expression est véritablement acquise en France en 1881 avec la loi du 29 juillet sur la liberté de la presse. Cette loi limite également la liberté d'expression par l'instauration de condamnations en cas de diffamation et d'injure. La diffamation est définie (art. 29) comme étant « toute allégation ou imputation d'un fait qui porte atteinte à l'honneur ou à la considération de la personne ou du corps » et l'injure comme étant « toute expression outrageante, terme de mépris ou invective qui ne renferme l'imputation d'aucun fait ». La diffamation raciste est également reconnue comme un délit pénal.

1972

Des limites étendues

La loi du 1er juillet 1972 renforce et élargit la loi de 1881 quant à la répression de la discrimination raciale. Elle rend notamment la diffamation raciste punissable de plein droit, ce qui signifie que le seul fait d'avoir commis l'infraction rend son auteur coupable, même en l'absence de toute intention d'exciter à la haine raciale. La deuxième innovation de cette loi est que la provocation à la discrimination ou à la haine raciale n'est plus cantonnée à la presse, mais devient générale. Cette loi a encore été renforcée en 2003 et 2004. Depuis 2004, les propos sexistes et homophobes sont interdits et la Haute Autorité de lutte contre les discriminations et pour l'égalité, la Halde, a été créée pour traquer toutes les discriminations.

1990 2001 2005

Les lois mémorielles

Quatre lois, dites mémorielles, votées de 1990 à 2005, interdisent en France la négation de faits historiques. En 1990, la loi Gayssot crée le délit de négation des crimes contre l'humanité (celui du génocide juif par les nazis entre 1941 et 1945). La loi du 29 janvier 2001 reconnaît le génocide des Arméniens par l'Empire ottoman en 1915. La loi Taubira de 2001 reconnaît la traite et l'esclavage comme des crimes contre l'humanité. La loi du 23 février 2005 exprime la reconnaissance de la France « en faveur des Français rapatriés ». Son article 4 établit que les programmes de recherche doivent accorder « la place qu'elle mérite à l'histoire de la présence française outre-mer » et les programmes scolaires en reconnaître le « rôle positif ».

Limiter la liberté d'expression sur Internet

La liberté d'expression sur Internet provoque les mêmes clivages que la liberté d'expression dans le reste de l'espace public. Mais elle attise encore plus de craintes (ou d'espoirs) du fait de l'ampleur sans précédent que peut prendre la diffusion d'opinions sur Internet. Du coup, les enjeux deviennent politiques : réguler le Web ne permettrait-il pas de bâillonner cet espace d'expression ?

Un outil de manipulation Tout le monde peut écrire sur Internet, mais tout le monde n'est pas journaliste. Internet peut être une source majeure de désinformation.

Pour une démocratie directe Internet révolutionne la politique. Grâce à lui, les citoyens peuvent avoir accès à des opinions que ne diffusent pas les médias classiques.

Une diffusion planétaire
Ne pas limiter la liberté d'expression sur Internet, c'est accepter la diffusion à grande échelle des idées racistes, fascistes, homophobes...

La liberté pour lutter
Accepter que toutes les opinions puissent s'exprimer, ce n'est pas les cautionner. Les idées racistes n'ont pas attendu Internet pour se propager partout. En revanche, grâce à Internet, on peut désormais les combattre dans le monde entier.

Un lieu de délations et de rumeurs
On sait quel mal peut faire une rumeur une fois lancée, aucun démenti ne l'arrête. C'est encore pire sur Internet puisque la diffusion est globale.

Au nom de la sécurité Il faut interdire les sites pédophiles et pornographiques pour protéger les enfants.

La responsabilité des individus
Les parents sont responsables de l'éducation de leurs enfants. Leur enlever cette prérogative, c'est les déresponsabiliser.

Un contrôle impossible
La limitation ne changera pas grand-chose, puisqu'il est impossible de contrôler tout le réseau.

2004 **2011**

LCEN, HADOPI, LOPPSI 2

La loi du 21 juin 2004 pour la confiance en l'économie numérique (LCEN) adapte la loi de 1881 (sur la liberté de la presse) et le code pénal aux délits racistes commis sur Internet. Elle a été renforcée par la loi Hadopi de 2009 – contre le téléchargement illégal – et la loi sur la sécurité intérieure, dite Loppsi 2 – filtrage d'Internet. À cela s'est ajouté, en 2011, un nouveau décret qui impose aux hébergeurs et fournisseurs d'accès à Internet de conserver les données des utilisateurs pendant un an renouvelable, afin de « permettre l'identification de toute personne physique ou morale ayant contribué à la création d'un contenu mis en ligne ».

La France ennemie d'Internet ?

En 2012, l'association Reporters sans frontières a classé la France « sous surveillance » pour la deuxième année consécutive. Selon Lucie Morillon, de RSF, « au nom de buts tout à fait légitimes », comme la lutte contre la pédopornographie, les législations (notamment Hadopi et Loppsi 2) « mettent en place des mécanismes qui peuvent se révéler dangereux pour la liberté d'expression en ligne [...]. Une fois le cadre psychologique franchi – c'est-à-dire une fois qu'on s'y est habitué –, un certain nombre d'autres raisons peuvent être utilisées pour filtrer d'autres sites Internet. »

Thierry Crouzet

Spécialiste d'Internet et des nouvelles technologies, Thierry Crouzet a écrit *Le Cinquième Pouvoir – Comment Internet bouleverse la politique**. Il y affirme qu'Internet facilite l'émergence d'idées politiques qui ne sont pas diffusées par les médias traditionnels. Il s'appuie sur plusieurs exemples comme le dernier référendum, organisé en 2005, au sujet de la Constitution européenne. Alors que tous les médias traditionnels faisaient campagne pour le « oui », le « non » l'a emporté. Les citoyens internautes ont trouvé sur Internet des arguments efficaces contre ce projet de Constitution, comme sur le site d'Étienne Chouard, un professeur d'économie, qui a reçu 30 000 visiteurs** par jour pendant le mois qui a précédé le référendum.

(Bourin Éditeur, 18 janvier 2007, ** Source : Libération.fr)*

Société

Liberté et sécurité

Dans les médias

Meurtres, agressions, accidents... Jour après jour, les médias mettent en scène les faits divers comme un feuilleton pour créer l'émotion (et augmenter l'audience). Un ministre se rend sur place, exprime son indignation devant les caméras, rappelle la mobilisation du gouvernement et profite de l'émotion suscitée pour proposer de nouvelles mesures sécuritaires (42 lois depuis 2002 !). Suivent alors les réactions de l'opposition, de militants des droits de l'homme, d'associations de victimes, de syndicats de policiers... Certains dénoncent des lois sécuritaires qui stigmatisent des groupes sociaux, menacent les libertés individuelles, exploitent la peur pour mieux contrôler la population. D'autres se réjouissent que l'on renforce l'appareil répressif et judiciaire pour protéger la population et sanctionner les délinquants... Entre liberté et sécurité, le débat est ouvert !

Définitions

Sécurité Toute société a pour premier objectif de protéger ses membres et d'assurer l'ordre au sein du groupe. C'est la sécurité qui justifie la vie en société. Elle constitue la première des libertés. Mais elle est aussi la condition pour permettre à la liberté de s'exprimer : il s'agit donc d'un moyen au service de la liberté. Faire de la sécurité une fin en soi est la caractéristique des dictatures. C'est, en effet, dans la place qu'une société attribue à la sécurité qu'on peut lire son régime politique. Ainsi, une dictature donne la priorité absolue à l'ordre et à la sécurité aux dépens de la liberté. À l'inverse, une démocratie se doit de chercher un juste équilibre, tout en subordonnant toujours la sécurité à la liberté, la société du risque zéro n'existant pas.

Liberté La liberté n'a jamais voulu dire que tout est permis. En échange de sa sécurité, le citoyen renonce librement à la possibilité de se rendre justice lui-même. Il remet à l'État le monopole de la violence. Il y gagne une véritable liberté, reconnue en 1789 comme étant le premier droit de l'homme et qui « consiste à faire tout ce qui ne nuit pas à autrui ».
La liberté est donc reconnue comme la fin à atteindre et la raison d'être de toute démocratie, car elle seule permet l'épanouissement de l'homme. La liberté des individus est aussi la première des sécurités face à l'État qui, par nature, cherche toujours à accroître son pouvoir. Ainsi, plus la liberté se réduit et plus nous sommes susceptibles d'avoir quelque chose à nous reprocher un jour ou l'autre.

Débats

La vidéosurveillance p. 32

Pour Longtemps la vidéosurveillance a été un thème de droite. Ce n'est plus le cas aujourd'hui. Un nombre croissant de maires de gauche installent des caméras dans leurs villes.

Contre Les libéraux, l'association La Ligue des droits de l'homme et son réseau de lutte contre la vidéosurveillance au nom de la liberté individuelle.

Les remises de peine p. 34

Pour L'UMP et le PS. L'UMP, quand elle est au pouvoir, y voit surtout l'occasion de faire des économies, les socialistes croient qu'il y a d'autres solutions que la prison pour lutter contre la délinquance.

Contre 70 % des Français estiment que la justice est trop indulgente à l'égard des récidivistes*. On trouve ici les partisans de la sécurité, mais aussi ceux de la liberté puisque, pour eux, chacun doit assumer les conséquences de ses actes.

*(*Sondage CSA 17 mai 2011)*

La légalisation des drogues p. 35

Pour Les libéraux au nom de la responsabilité individuelle et parce que la lutte antidrogue crée des trafics. Chez les Verts et les socialistes, certains estiment que les drogues douces – le cannabis – ne sont pas pires que le tabac ou l'alcool.

Contre En général, les partis politiques sont contre la légalisation ou même la dépénalisation des drogues pour une question de morale et parce qu'ils craignent que le nombre de drogués augmente.

La vidéosurveillance

Solution miracle ou liberticide? Le débat autour des caméras de vidéosurveillance grandit à mesure que leur nombre explose dans les lieux publics et privés. Il s'inscrit dans une vieille querelle entre ceux qui pensent que la technique peut transformer positivement l'individu – les caméras empêcheraient de faire le mal – et ceux qui craignent le totalitarisme – la dictature sur les esprits – d'un tel système: *« Big Brother is watching you. »*

Une atteinte à la vie privée La vidéosurveillance constitue une atteinte grave à la liberté de chacun d'aller et venir sans être surveillé.

Une protection Ceux qui n'ont rien à se reprocher ne voient pas d'inconvénient à être filmés.

Pour la prévention La vidéosurveillance est un outil dissuasif pour prévenir la délinquance car, sachant qu'ils peuvent être filmés, les auteurs de délits réfléchissent à deux fois avant de passer à l'acte.

Des résultats marginaux Toutes les études indépendantes prouvent que la vidéosurveillance n'empêche pas les actes impulsifs. Elle ne fait, au mieux, que déplacer les autres délits (vols de voiture, etc.) et, au pis, n'a pas d'effet du tout.

Des chiffres à l'appui Les études gouvernementales montrent que la délinquance a baissé grâce aux caméras.

De la propagande Toutes les études indépendantes et étrangères montrent le contraire. D'ailleurs, si la vidéosurveillance fonctionnait, on assisterait à une augmentation des faits enregistrés et non à une baisse, car elle révélerait des cas qui seraient restés inconnus sans elle.

935 000 caméras de surveillance en France (voie publique, transports, commerces, entreprises, etc.).
827 749 dans des lieux ouverts au public, comme les commerces.
70 003 caméras sur la voie publique.
360 plaintes relatives à des systèmes de vidéosurveillance reçues par la Cnil en 2011, dont 60 % concernant des caméras sur le lieu de travail.
150 contrôles effectués par la Cnil en 2011 et 80 depuis la mi-2012.
La Cnil a désormais le pouvoir – sans les moyens – de contrôler tous les dispositifs de vidéosurveillance (magasins, banques, restaurants, entreprises, gares, etc.) pour s'assurer de leur légalité, de sa propre initiative, sur demande ou sur plainte. Le nombre de contrôles reste limité. La Cnil constate pourtant des problèmes graves, dont « une information des personnes insuffisante ou inexistante », « une mauvaise orientation des caméras »...

(Source CNIL / Les Inrocks, Juin 2012)

Au Royaume-Uni

Avec 4,2 millions de caméras, soit une pour quatorze personnes (le Londonien serait filmé 300 fois par jour !), le Royaume-Uni fait figure de laboratoire concernant la vidéosurveillance. Or, le bilan semble très négatif depuis que Mick Neville, responsable du Bureau des images de la police métropolitaine de Londres (Scotland Yard), l'a qualifié de « fiasco complet » en 2008. Selon lui, les 90 000 caméras contrôlées par les autorités londoniennes sont inefficaces: seuls 3 % des délits sur la voie publique ont été résolus grâce à la vidéosurveillance, alors que le gouvernement britannique a dépensé plus de 500 millions de livres – environ 575 millions d'euros – pour cet équipement.

L'exécution de Jean Charles de Menezes

Le 22 juillet 2005, quinze jours après les attentats meurtriers de Londres, un jeune électricien brésilien de 27 ans, Jean Charles de Menezes, a été exécuté sommairement de sept balles dans la tête et une dans l'épaule dans le métro de Londres. Les policiers londoniens avaient trouvé qu'il ressemblait à l'un des terroristes présumés, identifiés grâce aux images de vidéosurveillance. Pourtant, le terroriste présumé était noir, Jean Charles de Menezes était blanc. En 2007, la justice anglaise a condamné la police à payer une réparation à la famille de la victime, mais aucun policier n'a été reconnu personnellement responsable.
Ironie de l'histoire, aucune image de l'exécution du jeune Brésilien n'a pu être visionnée: la police anglaise a prétexté un « problème technique » !

Contre le terrorisme
La vidéosurveillance protège contre le risque terroriste.

Un leurre Les caméras n'ont jamais empêché les bombes d'exploser. Les attentats de Londres de 2005 ou ceux de Corse contre des bâtiments publics, pourtant équipés de caméras, le prouvent.

Filmer plus Pour plus de résultats, il faut plus de caméras.

Fuite en avant Il n'y aura jamais assez de caméras et elles n'empêcheront pas les agressions.

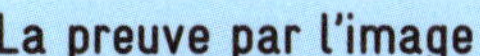

La preuve par l'image
Les images prises permettent d'identifier et de retrouver les auteurs d'un délit ou d'un crime.

Des images peu utilisables Les images aident parfois les enquêteurs, mais dans un nombre très réduit de cas. Les caméras ne peuvent pas tout filmer et la qualité des images est souvent très mauvaise, surtout la nuit.

Trop d'informations Les agents de surveillance regardent plusieurs écrans à la fois et chaque écran est relié à plusieurs caméras, impossible donc de traiter toutes les images.

Un manque de moyens Il faut investir dans un traitement plus efficace des données fournies par les caméras.

Vers la privatisation de la sécurité La vidéosurveillance coûte cher. Elle entraîne une privatisation de la sécurité puisque l'analyse des images des lieux privés est confiée à des sociétés de gardiennage qui ne sont pas contrôlées.

Un investissement économique
La vidéosurveillance permet de réduire les effectifs de la police et de la gendarmerie et donc de faire des économies.

Vers la vidéoprotection
La vidéosurveillance dans des espaces publics ou recevant du public relève de la loi d'orientation et de programmation pour la sécurité (LOPS) du 21 janvier 1995. Elle prévoit que toute installation d'un système de vidéosurveillance doit obtenir au préalable l'autorisation du préfet du département ou du préfet de police à Paris. L'autorisation, donnée pour cinq ans (renouvelable), est soumise à plusieurs conditions : précision des lieux, nombre de caméras, zones couvertes, etc. Mais elle exclut tout contrôle de la Cnil (Commission nationale de l'informatique et des libertés). En mars 2011, la loi Loppsi 2 sur la sécurité intérieure impose un changement de vocabulaire : le mot « vidéosurveillance » est remplacé par le mot « vidéoprotection », plus positif, dans tous les textes législatifs et réglementaires.

3 000 000 € par an, c'est ce que coûte aux Lyonnais la vidéosurveillance de leur ville : 855 000 € par an entre 2003 et 2008 pour l'installation des caméras puis 1 500 000 € par an de 2009 à 2011, 200 000 € par an de maintenance et de fonctionnement et 900 000 € de frais de salaires des 29 agents du centre de supervision urbaine, auxquels il faut ajouter le coût des locaux et des équipements. (D'après le sociologue Laurent Mucchielli, directeur de recherche au CNRS à partir du rapport de la chambre régionale des comptes.)

Dérives anglaises
Les dérives dans l'utilisation de la vidéosurveillance se multiplient en Angleterre. Ainsi, une entreprise anglaise, Internet Eyes, propose de s'inscrire sur son site Internet diffusant les images des caméras de surveillance de ses entreprises abonnées et d'y traquer les éventuels délits contre rémunération. Un tableau de chasse des « délinquants » précise leurs « méfaits » et le nom du « citoyen » qui l'a dénoncé. Ailleurs, dans le Dorset, une famille a été placée sous surveillance vidéo car elle était soupçonnée, à tort, d'avoir menti sur son adresse pour inscrire ses enfants dans une école réputée. De leur côté, les villes de Bolton et Derby ont admis avoir utilisé des caméras cachées pour piéger les propriétaires de chiens qui ne ramassaient pas les excréments de leurs animaux favoris.

Les remises de peine

L'émotion est vive quand un fait-divers met en cause un récidiviste libéré sans avoir purgé toute sa peine. En général, un prisonnier n'effectue pas la totalité de sa condamnation grâce aux remises de peine. Ce système, qui se veut efficace, ébranle la confiance de la population dans la justice et met en péril la paix sociale.

-40 %

Une seconde chance Un prisonnier qui se conduit bien en prison doit se voir accorder une deuxième chance.

Une atteinte au principe de justice Le crédit de réduction de peine est accordé automatiquement.

Motiver le détenu Le principe de la remise de peine est d'inciter les prisonniers à bien se conduire et de contenir ainsi la violence dans les prisons.

Sans signification D'exception, la remise de peine est devenue la règle. En devenant automatique, elle a perdu toute signification et utilité.

L'émotion contre la raison La récidive concernant les crimes est rare statistiquement, contrairemen à ce que pense l'opinion publique émue par des faits-divers spectaculaires.

Individualiser les parcours Les remises de peine devraient être accordées suivant le motif de la condamnation. Les délinquants sexuels, par exemple, se comportent bien en prison mais restent dangereux à leur sortie.

Un suivi plus facile Ce système permet de rendre plus prévisible la date de libération du condamné et la mise en place des mesures de suivi.

Une justice bafouée Savoir dès le jour de la condamnation que la durée de la peine prononcée sera amputée automatiquement de plusieurs mois ou années est intolérable dans un État de droit.

Un manque de moyens La suppression des réductions de peine exigerait la construction de nouvelles prisons.

Un scandale Les remises de peine ne devraient pas servir à gérer le manque de places en prison.

La loi Perben 2

La loi dite Perben 2 du 9 mars 2004, destinée à lutter contre la délinquance et la criminalité organisée, a modifié le régime des remises de peine. Avant cette loi, c'était le juge de l'application des peines qui accordait des remises pour « bonne conduite » aux détenus dont il avait la charge. Avec la loi Perben 2, chaque condamné reçoit, dès sa mise sous écrou, une remise de peine surnommée « crédit de réduction de peine ». Cette disposition devait permettre de déterminer plus précisément la date de sortie afin de préparer le plus tôt possible « le parcours d'exécution de la peine », c'est-à-dire l'ensemble des actions mises en œuvre au cours de la détention afin de favoriser la réinsertion sociale du prisonnier.

Crédit de réduction de peine

Accordé à tous les détenus, il est retiré seulement en cas de mauvaise conduite. Il est de trois mois la première année et deux mois les années suivantes.

Réduction de peine supplémentaire

Elle est accordée aux détenus qui fournissent des efforts de réadaptation sociale (études, etc.). Elle est de trois mois par an (deux mois si le condamné est un récidiviste). Ces deux mécanismes ne prennent donc pas en compte la dangerosité des condamnés, même pour les récidivistes. Un prisonnier « modèle » peut ainsi accumuler cinq mois de remise de peine par an, vingt-six en cinq ans, cinquante et un en dix ans, et ce indépendamment des aménagements de peine.

Réforme pénale

Un projet de loi pour lutter contre la récidive devrait être examiné à l'Assemblée nationale après les élections municipales de 2014. Présenté en Conseil des ministres en octobre 2013, il fait déjà l'objet de vives controverses. La droite accuse Christiane Taubira, la ministre de la Justice, de laxisme et de vouloir vider les prisons. La mesure phare du projet, la contrainte pénale, prévoit en effet de ne pas envoyer en prison les auteurs de délits punis par une peine de prison de moins de cinq ans et de les condamner à une peine en milieu ouvert (travaux d'intérêt général, formation, stage...). Les professionnels, quant à eux, s'interrogent sur la mise en œuvre de la réforme. « Elle est complètement déconnectée de la question des moyens matériels et humains, donc de la réalité. C'en est assez ubuesque », d'après la secrétaire nationale de la CGT Pénitentiaire Delphine Colin.

(Source : nouvelobs.com, Réforme pénale : quoi, quand, comment ? 09/10/2013)

La légalisation des drogues

Faut-il légaliser, voire simplement dépénaliser, les drogues douces ou toutes les drogues? Entre ceux qui appellent à responsabiliser les individus et ceux qui exigent plus de rigueur, il semble évident que le consensus sur la légalisation, et même la dépénalisation, n'est pas pour demain.

Au nom de la liberté La consommation de drogue d'un individu majeur est une affaire privée. Tout comme l'échange de drogue entre individus consentants. L'État n'a pas à intervenir.

Quelle liberté? L'État est dans son rôle puisqu'il tente de protéger ses citoyens. De plus, un drogué en état de dépendance n'est pas libre.

Rompre la spirale La légalisation provoquerait la chute du prix des drogues. Les « accros » n'auraient plus à voler ou à se prostituer pour se payer leurs doses. Les prisons se videraient.

« Un pays de drogués » La chute des prix pourrait s'accompagner d'une explosion du nombre des consommateurs.

Un tabou à conserver Légaliser revient à promouvoir l'indifférence. Il est essentiel symboliquement de maintenir l'interdit, notamment pour les jeunes.

L'envers de la clandestinité Obligés de se cacher, les drogués vivent dans des conditions sanitaires catastrophiques et dangereuses.

Un trafic sans fin Rien ne prouve que la fin de la prohibition des drogues entraînerait la fin des trafics. Le cas de la cigarette l'atteste : une marchandise légale peut être objet de trafics.

La fin des trafics La légalisation supprimerait les réseaux clandestins. Le cas du tabac est différent. Sa contrebande se poursuit parce que l'État a multiplié les taxes. Le paquet de cigarettes, devenu très cher, est un objet de contrebande idéal.

Dépénalisation Cela signifie qu'on renonce à punir pénalement (par une contravention ou une peine de prison) le consommateur de drogues. Cela n'implique pas une levée de l'interdiction. Ainsi, un individu arrêté en possession de drogue pourrait se voir confisquer sa marchandise.

Légalisation Il s'agit d'inscrire dans la loi que des produits considérés comme des drogues sont autorisés. Une légalisation peut être plus ou moins limitée - par exemple, en Suisse, la prescription d'héroïne est strictement réglementée dans le cadre d'un traitement thérapeutique. De même, la légalisation n'implique pas forcément une libéralisation (un marché libre) : elle peut être contrôlée exclusivement par l'État.

90% des Français considèrent la consommation d'héroïne comme dangereuse dès le premier usage et **85%** pensent de même pour la cocaïne.
58% se disent favorables au principe d'ouverture de salles de consommation surveillées pour l'héroïne.
54% estiment que le cannabis est dangereux dès l'expérimentation, **15%** lors d'une consommation occasionnelle, **30%** au stade d'un usage quotidien.
78% restent opposés au principe d'une mise en vente libre du cannabis (85% en 2008).
11% estiment que l'alcool est dangereux dès l'expérimentation, **41%** pour le tabac.
74% pensent que l'alcool n'est dangereux qu'en consommation quotidienne et **47%** pour le tabac.

(Source : Enquête EROPP - Observatoire français des drogues et des toxicomanies, novembre 2013)

Drogues dures Il n'existe aucun critère scientifique permettant de séparer les drogues entre dures et douces. L'usage, cependant, considère comme « drogues dures » celles qui créent une dépendance physique ou psychique très rapide (héroïne, cocaïne, crack, barbituriques) ou qui présentent un danger psychique (LSD, ecstasy, etc.).

Drogues douces Les « drogues douces » ont un effet plus distillé. Ainsi, le cannabis est réputé pour son action à long terme sur le cerveau (troubles des capacités intellectuelles, de la personnalité, de la volonté, pulsions suicidaires, etc.). À ce classement général, il faut ajouter que les risques et les dangers liés à la consommation de drogues même « douces » varient selon le produit et selon les personnes.

1€
1€
1€
1€

Économie

Socialisme et libéralisme

Dans les médias

Au lendemain de la Seconde Guerre mondiale, l'État providence se donne comme objectif de garantir la solidarité et la protection sociale. Financés par l'impôt, les services publics, les allocations (familiales, aides au logement...) et les assurances sociales (contre le chômage, la maladie...) assurent un minimum de ressources à chacun. Aujourd'hui, face aux déficits et à la mondialisation, au chômage et au vieillissement de la population, le « modèle français » connaît une crise profonde. Au nom de l'efficacité ou de la justice sociale, les politiques de droite comme de gauche prétendent vouloir le réformer pour le sauver. Mais derrière chaque débat, slogan ou projet de loi (« non-remplacement d'un fonctionnaire sur deux », « travailler plus pour gagner plus », instauration de minima sociaux...) s'opposent des systèmes de pensées contradictoires.

Définitions

Socialisme Pour le socialisme, une société juste est une société sans injustices. Celles-ci sont créées par les inégalités entre riches et pauvres. Il faut donc établir l'égalité. Il ne s'agit pas seulement de l'égalité de droit – mêmes lois pour tous – si essentielle aux libéraux, mais d'une égalité des conditions, ou au moins d'une réduction des écarts des niveaux de vie.
C'est à l'État que revient ce rôle. Il doit être puissant pour assurer le bien-être de ses citoyens grâce à la redistribution des richesses – allocations, etc. C'est l'État providence. Cependant, les socialistes ne prônent plus la propriété commune des moyens de production (machines, usines, etc.). Ils acceptent le principe de l'économie de marché et de la loi de l'offre et de la demande pour fixer les prix (un produit rare est cher).

Libéralisme Pour le libéralisme, vouloir créer une société sans inégalités aboutit forcément au totalitarisme puisque certains imposent aux autres leur vision de la justice. La liberté s'impose ainsi comme la grande condition de la société idéale. Les citoyens ont la responsabilité de leur destin.
Père de la théorie économique libérale, Adam Smith (1723-1790) a développé l'idée que le marché économique s'auto-organise de lui même si les individus sont laissés libres, car ils savent ce qui est bon pour eux. Le libéralisme entraîne ainsi la richesse des nations et des populations. L'État ne doit donc pas intervenir, sous peine de fausser l'équilibre. Son pouvoir doit être très limité : il a simplement comme rôle de veiller au respect des droits de chacun.

Débats

Les impôts

p. 40

Pour Le principe de l'impôt progressif – dont la part augmente avec les revenus – est considéré comme étant juste socialement par la gauche comme la droite. Cependant, la gauche veut le renforcer, mais pas la droite.

Contre Les libéraux sont pour l'impôt proportionnel – le même pourcentage de prélèvements pour tous – mais contre l'impôt progressif, qu'ils jugent injuste et décourageant.

Les minima sociaux

p. 42

Pour Traditionnellement, la gauche est pour et la droite, contre. Cependant, la droite se prononce désormais pour les redistributions sociales mais dans une moindre mesure que la gauche.

Contre Les économistes libéraux considèrent que les minima sociaux enferment les individus dans un système d'assistanat qui brise l'entreprise individuelle.

Le Smic

p. 43

Pour Aucun parti politique n'envisage de supprimer ou de réduire le Smic. Des candidats à l'élection présidentielle, à gauche mais aussi à droite, promettent même son augmentation.

Contre Pour la plupart des économistes, le salaire minimum favorise le chômage et aggrave la pauvreté. Il s'agit selon eux d'une mesure démagogique pour plaire aux électeurs, mais néfaste à l'économie.

Pour Contre

Les impôts

Les impôts servent à financer les dépenses de l'État. Chaque citoyen y est soumis en fonction de ses capacités et en accepte le principe. Là où le débat s'engage, c'est sur l'impôt progressif (qui s'accroît avec la richesse). Est-il juste et profitable ou idéologique et contre-productif?

Égalité sociale L'impôt progressif est juste car il est juste que plus on gagne d'argent, plus on paye d'impôt.

Inégalité sociale L'impôt proportionnel est juste, pas l'impôt progressif car, si je gagne dix fois plus que mon voisin, il est juste que je paye dix fois plus d'impôts, pas cent fois. Ce qui est la négation même de l'idée d'égalité.

Justice sociale L'impôt progressif permet de réduire les inégalités.

Perversion du système L'impôt ne doit pas servir à réduire les inégalités sociales, mais à financer les services rendus par l'État.

Redistribution organisée La richesse des plus riches résulte du travail de toute la société et pas seulement du mérite personnel. L'impôt progressif permet de redistribuer cette richesse.

Redistribution spontanée L'argent qui n'est pas accaparé par l'État sous forme d'impôts n'est pas « perdu », mais représente des ressources laissées à la société civile et à l'économie. Riches comme pauvres en profitent.

Assiette étroite Il est juste que les plus pauvres ne payent pas ou peu d'impôts.

Assiette large L'impôt sert à payer le bien commun. C'est donc responsabiliser les individus que de les faire participer à l'effort collectif, même par un impôt minime. Un bon impôt est donc un impôt à assiette large et à taux faible.

Un allié de la croissance Exempter les plus modestes d'impôts leur accorde un supplément de revenus qu'ils peuvent utiliser en consommant des biens et des services. C'est donc positif pour la croissance.

Trop d'impôts tuent la croissance Plus les impôts sont élevés et moins les individus sont incités à travailler, à investir et à innover davantage. Or, moins on crée d'entreprises, moins il y a d'emplois, et plus il y a de chômage.

291 630 c'est le nombre de contribuables à avoir payé l'ISF en 2011 contre 593 900 en 2010 (suite à la réforme de Nicolas Sarkozy).
4,3 milliards d'euros, c'est ce qu'a rapporté l'ISF en 2011.
5,2 milliards d'euros en 2012.
4,1 milliards d'euros attendus en 2013 (le gouvernement socialiste de Jean-Marc Ayrault ayant décidé de revenir au barème d'avant 2011 et de maintenir le seuil de perception de l'ISF à 1,3 million).
240 000 contribuables possédaient fin 2011 un patrimoine compris entre 1,3 million et 3 millions d'euros.
60 000 un patrimoine supérieur à 3 millions d'euros.
(Source : Direction générale des finances publiques)

Pression fiscale dans l'UE
En 2013, les Français ont travaillé jusqu'au 26 juillet pour financer les dépenses publiques! C'est le calcul de l'Institut économique Molinari. Il a ainsi déterminé le « jour de libération fiscale et sociale » pour tous les États de l'Union européenne. Comme en 2012, la Belgique et la France sont en tête du classement. Les salariés belges ont ainsi été libérés de leurs obligations fiscales le 8 août. Ceux de la moitié des pays de l'UE l'ont été en juin. Ceux de Chypre dès le 14 mars, ceux d'Irlande le 24 avril. On note que tous les pays de la zone euro ont subi une hausse de la pression fiscale de 2010 à 2013 à l'inverse des 10 pays de l'UE hors zone euro qui ont enregistré une baisse.
(Source : Institut économique Molinari)

Impôt proportionnel D'origine ancienne, l'impôt proportionnel est un impôt à taux unique pour tous les citoyens.
Impôt progressif Après la Première Guerre mondiale, l'impôt proportionnel a été remplacé dans plusieurs pays occidentaux pour financer les nouveaux systèmes sociaux par l'impôt progressif, qui augmente en fonction de la richesse taxée. Ce système a été mis en place dans la plupart des pays sociaux-démocrates, où les tranches fiscales les plus élevées payent pour les plus basses, qui sont généralement exonérées de l'impôt.

Impôts sur les achats Les impôts indirects (TVA) pèsent plus lourd sur les plus pauvres puisqu'ils sont identiques pour tous. Les impôts directs permettent de rééquilibrer la balance.

Impôts directs et indirects
Les plus riches achètent plus de biens de consommation, ils payent donc déjà plus d'impôts indirects.

Exil fiscal Nombreux sont les riches qui préfèrent quitter la France, plutôt que d'être soumis à une fiscalité trop forte. Le manque à gagner est catastrophique pour la France, surtout en matière d'emplois, d'investissements, etc.

Une ressource indispensable
La France est déjà en difficulté financière. Supprimer des impôts comme l'ISF reviendrait à accroître encore les déficits du pays.

Effets pervers Le système fiscal français est devenu très complexe à force de créer des dérogations (niches fiscales) et des mesures antiabus. Il décourage les investisseurs.

Évasion = trahison Des impôts élevés sont justifiés, car ils permettent de financer les services publics de qualité accessibles à tous (hôpital, éducation, etc.). Ceux qui s'installent à l'étranger trahissent cet idéal de bien commun.

Inégalité devant l'impôt
Les plus fortunés peuvent facilement avoir recours à des conseillers juridiques et fiscaux qui leur permettent de payer moins d'impôts. Il y a donc une inégalité devant l'impôt.

Une erreur idéologique Alléger les impôts payés par les plus aisés permettrait de relancer la croissance. Les bénéfices des riches profitent à tous puisqu'ils créent des activités et donc de l'emploi.

Impôt direct C'est une contribution obligatoire due par chaque personne physique ou morale (c'est-à-dire chaque individu et chaque entreprise ou autre entité juridique) à l'État. Il est généralement annuel et payé directement par la personne.
Impôt indirect Celui-ci est prélevé, *via* la TVA (taxe sur la valeur ajoutée) par exemple, à l'occasion des achats de biens et de services (livres, essence, etc.) et reversé ensuite à l'État.
En 2013, impôts directs et indirects représentaient 298,6 milliards d'euros de recettes fiscales, dont des impôts indirects (TVA : 47,3 %; taxe intérieure de consommation sur les produits énergétiques (TICPE) : 4,6 % ; les droits de succession, les droits de donation, etc.) et des impôts directs (impôt sur le revenu : 24 %; impôts sur les sociétés : 18%; ISF et taxe sur les salaires).
(Source : Direction générale des finances publiques)

Création de l'ISF
L'impôt de solidarité sur la fortune (ISF) est payé par les contribuables détenant un patrimoine net imposable supérieur à 1,3 millions d'euros (seuil au 1er janvier 2014). C'est un impôt progressif qui est dû chaque année et qui s'ajoute à d'autres impôts sur le patrimoine (droits de succession, droits de mutation, taxe foncière). Il a succédé à l'impôt sur les grandes fortunes (IGF), créé en 1982 par le gouvernement socialiste de Pierre Mauroy et supprimé par le gouvernement de Jacques Chirac en 1987.
(Source : Direction générale des finances publiques)

72 milliards d'euros, en 2013, c'est le montant de l'impôt sur le revenu (IR) sur 313 milliards de recettes totales de l'État.
1 foyer fiscal sur 2 ne paye pas l'IR, soit parce que ses revenus sont inférieurs à 5 963 euros annuels, soit parce qu'il bénéficie d'une réduction d'impôt au moins aussi élevée que leur impôt.
2 478 euros, c'est le montant moyen de l'impôt réglé par les Français en 2010. **4 905 euros** d'impôt en moyenne pour les Franciliens et **6 801 euros** pour les Parisiens contre **1 694 euros** pour les habitants des Pays de la Loire en 2010.
(Source : Direction générale des finances publiques)

Les minima sociaux

RSA, ASS, AAH... Il existe une dizaine de minima sociaux en France. Ils consistent en des allocations qui assurent un revenu minimum aux personnes en difficulté. Ces minima sont de plus en plus permanents pour des individus de plus en plus nombreux. De ce fait, leur légitimité est critiquée : s'agit-il de solidarité ou d'assistanat?

Contre l'injustice Les minima sociaux ont été mis en place pour corriger les inégalités les plus criantes. La société répond à son rôle de protection.

Une injustice La société doit assurer l'égalité de traitement des individus. Ces prestations ne sont donc pas légitimes, car elles ne sont versées qu'à quelques-uns et sans contrepartie de cotisations, contrairement aux prestations sociales contributives comme l'assurance-maladie.

Incitation Le RSA a été justement créé pour inciter les chômeurs à retrouver un emploi en leur permettant de cumuler les aides sociales à leur salaire, à condition de ne pas dépasser le seuil maximum de 1 210 € net par mois pour une personne.

Assistanat La prise en charge de l'État déresponsabilise les individus puisqu'ils reçoivent de l'argent sans rien donner ou faire en échange.

Au nom de la solidarité La société a une responsabilité envers les plus faibles. Elle ne peut pas abandonner ceux qui ne possèdent rien, même s'ils n'ont pas cotisé.

Une solidarité pervertie La solidarité doit venir des individus et non être orchestrée par l'État.

Cohésion sociale Les minima sociaux sont un moyen de lutte contre l'exclusion des personnes et permettent de garantir un minimum de cohésion sociale.

Division sociale Les minima sociaux sont la source régulière de revenus d'un grand nombre de personnes. C'est la preuve de leur inefficacité.

Une mission publique Les institutions redistributrices remplissent une mission de service public, créent des emplois et participent à la lutte pour la cohésion sociale.

Un coût multiplié Au coût énorme de ces allocations, il faut ajouter les frais de fonctionnement des institutions redistributrices. Cela coûte très cher à la société, c'est-à-dire à ceux qui travaillent.

Il y avait entre **4,9 et 8,7 millions** de personnes pauvres en France en 2011, suivant les critères retenus. Ce qui représente entre 7 et 13,2 % de la population française.
814 euros de revenus par mois, c'est le seuil retenu pour considérer un individu comme pauvre.
2 millions de personnes en France vivent avec moins de 656 euros par mois.
3,6 millions sont mal logés.
3,5 millions bénéficient de l'aide alimentaire.
3,7 millions de personnes sont allocataires de minima sociaux, mais un peu plus de 6 millions de personnes au total en vivent...
140 000 personnes sont sans domicile, selon l'Insee, dont 30 000 enfants. 9 % sont des sans-abri.

(Source : Observatoire des inégalités)

RSA Revenu de solidarité active
ASS Allocation de solidarité spécifique (pour les chômeurs ayant épuisé leurs droits à l'assurance chômage)
AAH Allocation aux adultes handicapés
AER-R Allocation équivalent retraite de remplacement
AI Allocation d'insertion
ATA Allocation temporaire d'attente
ASV Allocation supplémentaire vieillesse
ASPA Allocation de solidarité aux personnes âgées
ASI Allocation supplémentaire d'invalidité
AV Allocation veuvage
RSO Revenu de solidarité

Le revenu de solidarité active
Quatre ans après sa création en 2009, le revenu de solidarité active (RSA) est décrié comme l'avait été avant lui le revenu minimum d'insertion (RMI), accusé d'enfermer les pauvres dans l'assistanat. Le RSA devait inciter ses allocataires à reprendre un travail et sortir de la pauvreté les salariés à bas revenus en leur versant un complément. Selon le Centre d'études de l'emploi (novembre 2013), le RSA ne fait pas mieux que le RMI, la plupart de ses bénéficiaires ne travaillant pas.

Le Smic

Le salaire minimum interprofessionnel de croissance (Smic) est le salaire minimum au-dessous duquel aucun salarié ne peut être payé. Symbole de victoire sociale, il est pourtant critiqué par un nombre croissant d'analystes économiques.

Le minimum pour vivre Le Smic garantit une rémunération socialement acceptable du travail.

« Smicardisation » de la France Le Smic a tiré les salaires vers le bas en devenant la référence.

Un tremplin Le Smic est un tremplin vers des emplois mieux payés.

Trappe à bas salaires Le Smic a enfermé une grande partie des salariés dans la catégorie des travailleurs pauvres qui ne parviennent plus à évoluer sur l'échelle sociale.

Garant de la cohésion Le Smic est une arme contre la pauvreté. Il est donc bon qu'il soit le plus élevé possible.

Un mécanisme d'exclusion Un salaire minimum élevé ne lutte ni contre les inégalités ni contre la pauvreté, car il réduit l'accès à l'emploi des jeunes et des travailleurs les moins qualifiés. Or ce sont les inégalités d'accès à l'emploi qui engendrent la pauvreté.

Une protection Le Smic protège les salariés d'une trop grande exploitation par leur patron.

Effet pervers En France, le marché du travail se veut très protecteur pour les salariés, mais ces protections bloquent les embauches et font augmenter le chômage. Or, quand il y a beaucoup de chômeurs, les employeurs ont le choix entre plusieurs candidats et possèdent un pouvoir exagéré.

Bon pour la croissance Augmenter le Smic est bon pour l'économie, car cette augmentation permet au salarié ainsi payé d'améliorer son quotidien. Cette augmentation se retrouve donc directement injectée dans l'économie.

Phénomène d'écrasement Depuis 1994, le Smic a augmenté deux fois plus que le salaire de base moyen, qu'il a donc rattrapé, d'où le sentiment de nombreux salariés d'être gagnés par la précarité.

Dans le monde

Un salaire minimum existe dans vingt-et-un des vingt-huit États membres de l'Union européenne. En 2013, il varie de 159 euros par mois en Bulgarie à 1874 euros au Luxembourg. Ceux qui n'en ont pas sont l'Allemagne, l'Autriche, Chypre, le Danemark, la Finlande, l'Italie et la Suède. Contrairement à une idée reçue, les États-Unis ont institué un salaire minimum au niveau fédéral (depuis 1938) et de nombreux États ont instauré leur propre « Smic » (8 dollars de l'heure en 2007 dans l'État de Washington). Aux États-Unis, le Smic sert surtout à rémunérer les moins de 25 ans et ceux qui rentrent sur le marché du travail, alors qu'en France, il s'est banalisé chez les salariés.

9,43 euros, c'est le montant du Smic horaire brut au 1er janvier 2013.
Le montant du Smic mensuel est de **1430** euros brut, soit **1120** euros net.
2,6 millions de salariés sont rémunérés au Smic en 2012 (16 % des salariés),
18,5 % des employés,
13 % des ouvriers.
20 % des salariés à temps partiel sont au Smic, contre à peine **8 %** des salariés à plein temps.
29,6 % des salariés de moins de 25 ans sont smicards contre **8,6 %** des salariés de plus de 40 ans.

Le Smic remplace le Smig

En 1970, le salaire minimum interprofessionnel de croissance a remplacé le salaire minimum interprofessionnel garanti (instauré en 1950). Le Smig était indexé uniquement sur les prix, il augmentait donc moins vite que la moyenne des salaires. Avec le Smic, la règle du jeu change : outre l'inflation, la hausse du salaire moyen est aussi prise en compte. Le Smic augmente désormais plus vite que le salaire moyen. Il est revalorisé chaque année au 1er janvier. Si, en cours d'année, l'indice des prix atteint une hausse d'au moins 2 %, le Smic est augmenté automatiquement dans les mêmes proportions. Le gouvernement peut aussi décider de l'augmenter à tout moment.

Mondialisation et protecti

Dans les médias

Les journalistes tiennent un double discours sur la mondialisation. D'un côté, ils accourent à chaque délocalisation qu'ils qualifient de « sauvage » d'une entreprise vers un pays étranger et donnent largement la parole aux salariés licenciés victimes. La compassion et l'émotion jouent alors à plein contre la mondialisation. Mais, dans le même temps, les journalistes parlent systématiquement de la fermeture des frontières comme d'une régression avec des termes négatifs : « repli sur soi, peur de l'autre… », tandis que l'ouverture des frontières est présentée comme positive et assimilée à la générosité. Les médias entretiennent ainsi la confusion autour de la mondialisation. Surtout que, dans le même temps, le protectionnisme, mot tabou pendant les dernières décennies, est toujours considéré comme suspect.

Définitions

Mondialisation La mondialisation se définit comme l'interdépendance des nations et des peuples du monde, dans tous les domaines (économique, culturel, etc.). Elle a une histoire ancienne (depuis l'Empire romain) et a connu des phases d'expansion et de repli. Cependant, celle qui se développe depuis les années 1970 a atteint un niveau inédit grâce à l'accélération des progrès techniques. La mondialisation actuelle s'accompagne d'une idéologie, le mondialisme, qui prône la création d'un marché global avec la liberté du commerce et de la circulation des personnes et la suppression des frontières. Elle est critiquée car, en diffusant les mêmes objets de consommation sur toute la planète, elle entraînerait l'uniformisation des modes de vie et détruirait les cultures, premières richesses des hommes.

nisme

Protectionnisme Le protectionnisme consiste pour un État à protéger ses activités nationales vis-à-vis de la concurrence extérieure en imposant aux produits étrangers des droits de douane, des freins administratifs, etc. Ainsi, les biens importés coûtent plus chers que les biens nationaux. Ceux-ci se vendent donc mieux, ce qui permet de protéger les emplois et d'en créer de nouveaux puisque les entreprises nationales, rendues plus compétitives, vendent davantage de biens et de services. Ses adversaires le dénoncent comme une loi du plus fort puisque, dans ce système, l'État joue un rôle central et décide de tout. La création de monopoles aux dépens des consommateurs serait ainsi favorisée, tandis que la liberté d'entreprendre resterait limitée et le dynamisme de l'économie serait remis en cause.

Débats

Le libre-échange p. 46

Pour De gauche à droite : le courant dominant du PS, Europe-Écologie, le MoDem, la République solidaire de Villepin, le Nouveau Centre de Morin, l'UMP, et la plupart des économistes.

Contre Le Parti de gauche de Mélenchon, l'aile gauche minoritaire du PS (Hamon), le Mouvement républicain et citoyen de Chevènement, et le parti gaulliste Debout la République de Dupont-Aignan.

La taxation des transactions financières p. 47

Pour Les députés français qui ont adopté à la quasi-unanimité (477 voix contre deux) en juin 2011 une résolution européenne visant à instaurer au niveau de l'Union une taxe sur les transactions financières.

Contre Le Conseil européen (réunion des chefs du pouvoir exécutif de chaque pays) s'oppose à la mise en place de la TTF par onze États de l'UE. Il la juge discriminatoire puisque toute l'UE ne la pratiquerait pas.

Le FMI p. 48

Pour La plupart des partis politiques, même si certains le critiquent, ne remettent pas en cause l'existence du FMI. Même chose pour les altermondialistes qui veulent transformer le FMI et ont proposé un candidat en 2011.

Contre Le Front national avec Marine Le Pen qui estime que « le FMI a fait trop de mal aux peuples et n'a pas rempli ses missions ».

L'euro p. 50

Pour Les gouvernements européens. En France, l'UMP et le PS. Une partie de plus en plus réduite des Français : 36 % seulement des Français voteraient aujourd'hui pour le traité de Maastricht et la création de la monnaie unique (sondage Ifop / *Le Figaro*, septembre 2012). En 1992, 51 % des Français avaient voté oui.

Contre 62 % des Français regrettent le Franc, surtout les femmes (70 %) et les ouvriers (77 %).
(Sondage Ifop, La Dépêche du Midi, 01/01/2013)

Le libre-échange

Le libre-échange est la doctrine économique qui prône la libre circulation des marchandises, des capitaux et des hommes. C'est en tant que règle de la mondialisation qu'il pose problème. Beaucoup s'interrogent en effet sur la distribution des bénéfices réalisés et sur ses effets sociaux et écologiques. Il s'agit donc d'un débat fondamental pour notre avenir à tous.

Baisse des prix La concurrence entre producteurs nationaux et étrangers offre le choix au consommateur entre plusieurs produits plus ou moins chers.

Concurrence déloyale Mettre en concurrence des pays aux conditions sociales aussi différentes détruit des emplois et fait baisser les salaires dans les pays développés.

Efficacité économique Avec le libre-échange, chaque pays se spécialise dans les productions qu'il maîtrise le mieux.

Fermetures d'entreprises Les entreprises du pays qui ne sont plus compétitives face à la concurrence internationale n'ont pas d'autre choix que de fermer.

Croissance économique La baisse des prix stimule la demande et les entreprises augmentent leur production.

Ralentissement de la croissance Pour baisser les prix, il faut baisser les coûts de production (les dépenses pour réaliser un produit), ce qui provoque une réduction des activités et donc de la croissance économique.

Responsabilité de l'individu Le libre-échange offre à chaque individu la possibilité de disposer du fruit de son activité.

Acquis sociaux en danger Pour faire face à la concurrence, les entreprises baissent le niveau des conditions de travail.

David Ricardo
Théoricien du libre-échange, l'Anglais Ricardo (1772-1823) a mis au point la loi des avantages comparatifs, selon laquelle chaque pays, qui se spécialise dans la production où sa productivité est la plus forte, accroît sa richesse nationale. Il s'appuie sur l'exemple du Portugal et de l'Angleterre de son époque. Pour un même nombre d'heures de travail, le Portugal produit 20 mètres de drap et 300 litres de vin, l'Angleterre produit 10 mètres de drap et 100 litres de vin. L'Angleterre semble perdante. Pourtant, selon Ricardo, l'Angleterre aurait intérêt à se spécialiser dans la production de drap car, avec 10 mètres de drap, elle obtiendrait 150 litres de vin portugais contre 100 chez elle. De son côté, le Portugal aurait lui aussi intérêt à se spécialiser dans le vin puisque 300 litres de son vin lui permettrait d'obtenir 30 mètres de drap anglais au lieu de 20 mètres chez lui.

Création de l'OMC
Créée en 1995, l'Organisation mondiale du commerce a pour mission la libéralisation du commerce des biens et des services à l'échelle mondiale. Elle a remplacé le GATT (*General Agreement on Tariffs and Trade* ou Accord général sur les tarifs douaniers et le commerce) qui avait vu le jour en 1947 afin d'œuvrer à la réduction des tarifs douaniers entre ses États membres. À la différence du GATT qui n'émettait que de simples recommandations, l'OMC a le pouvoir de juger les conflits commerciaux entre ses 153 États membres et de les condamner à des amendes. Son siège se trouve à Genève, en Suisse. En 2013, le diplomate brésilien Roberto Azevêdo a remplacé le Français Pascal Lamy comme directeur général.

Suppression des tarifs douaniers Le niveau moyen des droits de douane entre pays membres du GATT est passé de 40 % en 1947 à environ 5 % en 1994. Ce qui ne signifie pas que ces pays sont maintenant dans une situation de libre-échange.

Libre-échange Certains produits échappent totalement au libre-échange (sans parler des mouvements des personnes). D'autre part, il existe d'autres barrières que les droits de douane pour entraver les échanges (normes, formulaires administratifs, etc.). De plus, les États (même les États-Unis) ne sont pas totalement libre-échangistes ou protectionnistes. Ils sont les deux à la fois, en fonction de leurs intérêts.

La taxation des transactions financières

Nouveau coup d'arrêt pour la taxe sur les transactions financières : le projet, promis pour 2014 par onze États de l'Union européenne, a été jugé illégal par le Conseil européen en septembre 2013. Inspirée de la taxe Tobin (1972), cette taxe est-elle juste et bénéfique ou uniquement symbolique?

Morale Une taxe des transactions financières est une mesure morale puisqu'elle redistribue les richesses et fait participer les marchés financiers au développement des pays.

Démagogique Une telle taxe serait uniquement démagogique pour séduire ceux qui veulent « faire payer les riches ». Elle sert d'alibi pour ne pas entreprendre les réformes de fond des institutions financières.

Des fonds disponibles
Cette taxe équivaudrait à plusieurs centaines de milliards d'euros par an pour financer des projets innovants.

Un bénéfice minime
Si la taxe portait sur un taux de 0,01 %, comme le préconisent ses adeptes aujourd'hui, les recettes seraient de 37,5 milliards de dollars par an. Ce qui ne permet pas de refaire le monde.

Lutte contre la pauvreté
Cette taxe permettrait de contribuer à la réduction de la pauvreté et des inégalités dans le monde.

Erreur d'objectif Cette taxe empêcherait les transferts de capitaux vers les pays pauvres au lieu d'encourager leurs détenteurs à y investir. Or, ce sont justement des investissements dans ces pays qui les aideraient à sortir de la pauvreté.

Une taxation des transactions financières dissuaderait la spéculation.

La spéculation à l'abri Au contraire, les opérations spéculatives pourraient facilement échapper à la taxe. En effet, le plus souvent, la spéculation porte sur des options d'achat (actions, devises...), et non sur des achats « réels » avec livraison d'un bien. Les opérations réelles seraient donc les seules taxées.

Paradis fiscaux
Il faut que tous les pays adoptent cette taxe, sinon elle sera facile à contourner et de nouveaux paradis fiscaux risquent de se développer.

Un non catégorique
Les États-Unis et le Royaume-Uni rejettent le principe d'une taxe. Elle n'a donc aucun sens.

0,01 %

39 %

1500 milliards de dollars US par jour, c'est l'estimation du montant des transferts internationaux.

1971

Taxe Tobin
En 1971, les monnaies basculent dans un système de changes flottants avec la décision du président américain Nixon de décrocher le dollar de l'or. Pour contrer les variations des devises (volatilité), l'économiste américain James Tobin (1918-2002) propose d'instaurer une taxe sur les transactions de change. L'idée est abandonnée et reprise dans les années 1990 par les altermondialistes, comme l'association Attac. Avec eux, la taxe Tobin serait étendue à toutes les transactions financières, afin de parer au développement excessif du secteur financier. De son côté, James Tobin (Prix Nobel d'économie), libéral convaincu, estimait avoir été mal compris, rappelant que « sa » taxe était une mesure de gestion technique des marchés financiers pour en diminuer la volatilité.

Joseph Stiglitz dit « oui ! »
Le Prix Nobel d'économie (2011) est favorable à la taxe Tobin. Il explique : « Nous avons besoin de ressources pour le développement, pour aider les pauvres, pour attaquer la pauvreté, pour corriger les problèmes mondiaux de la santé, pour corriger les problèmes environnementaux. Nous ne les avons pas encore aujourd'hui, ces ressources, et c'est pourquoi la taxe Tobin réalise deux objectifs en même temps : d'une part, elle fournit les moyens de s'attaquer à ces importantes questions à un niveau mondial, d'autre part, elle apporte une réponse au déséquilibre associé aux mouvements libres de capitaux qui ont créé tant de dégâts de par le monde. »

(Source : Interview à la télévision allemande ARD, 13 mai 2002.)

Le FMI

Le FMI (Fonds monétaire international), créé en 1944 pour corriger les imperfections des marchés financiers, serait devenu le bras armé des « fanatiques du marché ». Les antilibéraux réclament son abolition... comme les ultralibéraux ! De son côté, le FMI reconnaît des erreurs, mais revendique son utilité.

Démocratie représentative Les citoyens choisissent leurs représentants au FMI, même si c'est indirectement, puisqu'ils sont nommés par les gouvernements des pays membres. Il s'agit généralement du ministre des Finances ou du gouverneur de la Banque centrale.

Non démocratique Le FMI est une institution publique qui devrait rendre des comptes aux citoyens. Or ceux-ci ne choisissent pas leurs représentants au FMI.

L'Europe majoritaire Les États-Unis ont effectivement suffisamment de voix pour s'opposer à une modification des statuts du FMI, mais, en se regroupant, les États européens sont en mesure d'en faire autant : l'Europe dispose d'un nombre de voix deux fois supérieur à celui des États-Unis.

Droit de veto des États-Unis Les États-Unis ont le pouvoir au FMI : ils sont les seuls à détenir un droit de veto.

Une vision du monde Le FMI doit sa création aux États-Unis. Il est donc une projection de la vision du monde des États-Unis, qui pensent, comme cela le fut déclaré à Bretton Woods : « La prospérité, tout comme la paix, est indivisible » (elle doit être la règle dans le monde entier).

Cheval de Troie des États-Unis Le FMI n'est pas seulement une organisation économique, elle est aussi politique. À travers le FMI, les États-Unis imposent leur vision du monde.

Des conditions nécessaires Le FMI ne peut pas prêter de l'argent sans s'assurer que des mesures seront prises pour améliorer la situation économique future.

La même recette pour tous Le FMI impose les mêmes conditions économiques et les mêmes plans d'ajustement structurel (privatisations et ouvertures du marché intérieur) à tout pays demandeur d'aide, sans analyser la nature et les besoins de chacun.

Multiplication des crises
Depuis 1973 et le premier « choc pétrolier », les crises financières se multiplient. En 1982 éclate la crise de la dette des pays en développement (PED) à cause de la baisse du prix des matières premières et de la hausse des taux d'intérêt américains. Suit une succession de crises dans les années 1990 qui touchent presque exclusivement les PED : crise mexicaine (1994-1995), crise asiatique (1997-1998), crise russe (1998), crise brésilienne (1999), crise turque (2000), crise argentine (2001-2002), nouvelle crise brésilienne (2002). Chaque crise est déclenchée par des mouvements brusques de capitaux. En 2007, la crise financière éclate aux États-Unis. Cette fois, les capitaux fuient vers l'Inde, la Chine et le Brésil qui apparaissent plus sûrs. Pour combien de temps ?

188 États membres du FMI
Les 188 gouverneurs représentant les États membres se retrouvent au sein du conseil des gouverneurs une fois par an.
24, c'est le nombre d'administrateurs du conseil d'administration qui gère le FMI au quotidien. Il se réunit en général trois fois par semaine.
8 pays nomment chacun leur administrateur : les États-Unis, le Japon, l'Allemagne, la France, le Royaume-Uni, l'Arabie saoudite, la Chine et la Russie.
Les **16** autres administrateurs sont nommés par des groupes de pays.

	QUOTES-PARTS	DROITS DE VOTE
États-Unis	17,69 %	16,75 %
Japon	6,56 %	6,23 %
Allemagne	6,12 %	5,81 %
France	4,51 %	4,29 %
Royaume-Uni	4,51 %	4,29 %
Chine	4,00 %	3,81 %
Italie	3,31 %	3,16 %
Arabie saoudite	2,93 %	2,81 %

(Source : FMI, chiffres 2013)

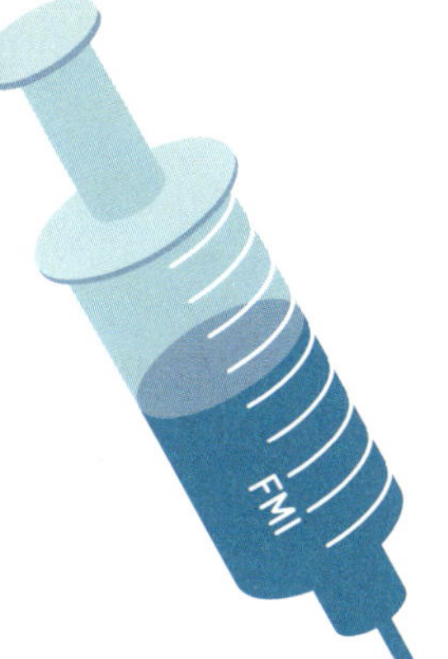

Le FMI évolue Les plans du FMI pendant la crise de 2007-2008 ont préconisé l'intervention de l'État. C'est la preuve que le Fonds a su évoluer.

Consensus de Washington Les mesures imposées par le FMI sont fondées sur le « consensus de Washington » directement issu de l'idéologie libérale de l'école de Chicago de Milton Friedman (lutte contre l'inflation, libéralisation des marchés et des taux d'intérêt, privatisations, etc.).

Des règles nécessaires Toutes les crises, que ce soit dans les pays riches ou les pays pauvres, ont été causées par des comportements bancaires excessifs. Il faut un FMI pour réglementer.

Aléa moral Sachant que le FMI viendra à leur secours, des pays s'endettent imprudemment.

Une réforme nécessaire Il y aura toujours un FMI. Abolir celui-ci pour en créer un nouveau est une perte de temps et d'argent, mieux vaut réformer celui qui existe.

Zéro crédit La crédibilité du FMI est trop entamée. Mieux vaut repartir de zéro sur des bases plus saines.

Discipline budgétaire Lorsqu'un pays appelle à l'aide le FMI, c'est que les choses vont déjà très mal. Des mesures pour réduire le déficit budgétaire sont inévitables. Or, pour y parvenir, les pays en voie de développement n'ont souvent pas d'autre option que de réduire les dépenses. La croissance économique d'ensemble a cependant bénéficié aux plus pauvres depuis 1960.

Un remède pire que le mal La plupart des pays qui ont appliqué à la lettre les prescriptions du FMI ont connu, au mieux, une croissance faible, au pis, des catastrophes économiques. Si le FMI n'est pas directement responsable, il a souvent aggravé les choses.

Joseph Stiglitz
Prix Nobel d'économie 2001, ancien conseiller de Bill Clinton, économiste en chef et vice-président de la Banque mondiale jusqu'en 1999 – date à laquelle il démissionne –, Joseph Stiglitz est l'un des principaux accusateurs du FMI. Dans un livre réquisitoire, sorti en 2002, *La Grande désillusion*, il affirme que le FMI fait passer l'intérêt des États-Unis avant celui des pays en difficulté qu'il a pour objectif d'aider. Stiglitz prétend aussi que les résultats des interventions du FMI ont souvent eu des conséquences dévastatrices en accroissant la pauvreté.

1944 Bretton Woods
Krach boursier de 1929, Grande Dépression et Seconde Guerre mondiale. Après cet enchaînement tragique des faits des années 1930, la stabilité du système financier international devient une priorité pour les Alliés. Rassemblés en 1944, ils signent les accords de Bretton Woods aux États-Unis. Deux institutions complémentaires sont créées : le Fonds monétaire international (FMI) – il doit veiller à l'équilibre des balances des paiements et fournir des crédits à court terme – et la Banque mondiale – elle est chargée de financer la reconstruction et le développement par des prêts à long terme. Après 1971 et l'abolition des accords de Bretton Woods, leurs rôles évoluent et se confondent parfois. Dans les années 1980, face à la crise de la dette du tiers-monde, le FMI est chargé de prêter des fonds aux pays du tiers-monde en difficulté. Après la chute des régimes communistes en Europe de l'Est dans les années 1990, il reçoit la mission d'aider ces pays à passer à l'économie de marché. Depuis les crises des années 2000, son rôle est aussi de soutenir par des prêts les pays les plus touchés.

Pour | Contre

L'euro

L'euro, qui devait assurer la richesse de l'Union européenne et souder ses États membres, rime désormais avec crise, divergences et travailleurs pauvres. Toute la question est de savoir si la monnaie unique est un bouclier ou un piège pour les pays embarqués dans cette aventure.

Peser dans la mondialisation L'euro est l'un des outils de la construction européenne. Son but est de rendre l'Union européenne plus prospère et plus influente, car on est toujours plus fort à plusieurs que seul.

Une croissance ralentie Depuis l'euro, la croissance économique des États membres s'est ralentie par rapport aux décennies précédentes, creusant l'écart entre la vitesse de la croissance économique de la zone euro et les autres pays.

Dépendance néfaste Les États de la zone ont renoncé à une part de leur souveraineté : la monnaie. Avant, en cas de crise, ils pouvaient dévaluer (en baissant la valeur de la monnaie, les prix des importations augmentent et ceux des exportations baissent).

Approfondir l'intégration Chaque État membre participe aux décisions de la politique monétaire commune.

Un marché intérieur fort L'un des premiers objectifs de l'euro est de développer la cohésion des politiques économiques des membres de la zone en favorisant leurs échanges grâce à l'abolition des fluctuations des monnaies.

Dumping social et fiscal
L'euro a accentué les divergences entre les États membres. Chacun a essayé de tirer son épingle du jeu : la concurrence fiscale et sociale s'est creusée. L'Irlande limite ainsi les taxes sur les sociétés à 12,5 % pour attirer les entreprises, soit trois fois moins que la France.

Contrecarrer le dollar
L'euro est un succès technique : il est très utilisé dans les transactions financières (notamment sur le marché des obligations).

Le dollar maître du jeu L'euro n'a pas réussi à s'imposer comme une grande monnaie capable de concurrencer le dollar. Un quart du commerce mondial est facturé en euros dont l'essentiel correspond au commerce intra-européen.

Zone euro Dix-huit des vingt-huit États membres de l'Union européenne ont adopté l'euro (au 1er janvier 2014) et font donc partie de ce qu'on appelle la « zone euro » : l'Allemagne, l'Autriche, la Belgique, Chypre, l'Espagne, l'Estonie, la Finlande, la France, la Grèce, l'Irlande, l'Italie, le Luxembourg, Malte, les Pays-Bas, le Portugal, la Slovaquie, la Slovénie et la Lettonie.
Union européenne L'Union compte vingt-huit États membres, parmi lesquels dix n'ont pas l'euro comme monnaie. Certains (Bulgarie, Hongrie, etc.) sont candidats, mais ne remplissent pas pour l'instant les conditions (critères de convergence fixés par le traité de Maastricht : finances publiques en ordre, maîtrise de l'inflation, taux de change stable, etc.) ; d'autres (Royaume-Uni) ne veulent pas en faire partie car ils estiment que leur entrée serait plus dommageable pour eux que profitable.

Banque centrale Une banque centrale est l'institution d'un État ou d'un ensemble d'États chargée de la politique monétaire (émission de la monnaie, fixation des taux d'intérêt, contrôle du fonctionnement des marchés financiers, etc.).
BCE La Banque centrale européenne n'a ni les pouvoirs ni le fonctionnement d'une vraie banque centrale. Elle n'est que le secrétariat du Système européen de banques centrales (SEBC), composé des banques centrales de chaque État. Toutes les décisions importantes sont prises par le conseil des gouverneurs du SEBC dont font partie les gouverneurs des banques centrales de dix-huit pays membres de la zone euro et un directoire de six membres présidé par Jean-Claude Trichet. Les décisions sont donc prises en fonction du rapport de forces en présence.

2,4 % dans les années 1980,
2,2 % dans les années 1990,
1,1 % entre 2001 et 2009 (décennie de l'euro) : c'est la croissance économique annuelle moyenne dans les pays de la zone euro selon les données de la Banque centrale européenne. Un ralentissement semblable ne s'est pas produit ailleurs dans le monde.

Un bouclier Lors des crises financières de 2001-2003 et 2007-2009, l'euro a incontestablement protégé les pays membres de la volatilité des marchés mondiaux et la Banque centrale européenne (BCE) a assuré la liquidité des marchés financiers de la zone.

Un frein Ce « bouclier » coûte très cher aux États membres (un demi-point de croissance par an pour la France). De plus, les pays très frappés par la crise disposent uniquement de leur politique budgétaire pour relancer leur économie, la politique monétaire n'étant plus de leur ressort.

Fin de l'UE Si l'euro venait à disparaître, ce serait la fin de l'Union européenne, comme le prévoit le traité de Lisbonne, ratifié en 2009.

Un appui Les prêts accordés par l'Union européenne (UE) à la Grèce, depuis le début de sa crise, prouve l'efficacité de cette alliance.

Un aveuglement La Grèce est insolvable et ne pourra pas rembourser les sommes prêtées. De nouvelles crises vont inévitablement surgir (Espagne, Irlande, Portugal, Italie, France?) car seule l'Allemagne a des comptes positifs aujourd'hui.

Retour du SME?
Dix pays font partie de l'Union européenne (UE) sans faire partie de la zone euro, preuve que la première peut continuer à vivre sans la seconde. Avant la création de l'euro, il existait une coopération monétaire au sein du Système monétaire européen (SME) qui fonctionnait très bien. Il consistait en un simple accord entre banques centrales des pays membres de l'UE.

Une fin impensable
Le scénario d'un retour au franc est impensable, tant au niveau pratique qu'au niveau des conséquences.

Une fin envisageable Tout a été prévu pour que chaque pays puisse reprendre, si besoin, son indépendance monétaire sans trop de heurts (une face nationale sur chaque pièce, une lettre spécifique sur chaque billet, banque centrale de chaque pays préservée avec ses instances de décision...).

Des avantages évidents L'euro a permis aux pays pauvres de la zone euro, comme aux riches, de s'« enrichir ». Parce que l'épargne des uns peut se placer chez les autres, en toute sécurité. Par exemple, les Allemands ont investi au Portugal sans pâtir du risque de change.

Une bulle prête à exploser Le développement rapide des pays comme l'Espagne est en grande partie une illusion puisqu'ils se sont en fait endettés grâce à un euro bon marché. Quand la crise a explosé, en 2007, ils ont été les premières victimes.

Faillite et faillite

Pour un État, faire faillite ne signifie pas, comme pour une entreprise, se retrouver en liquidation judiciaire et disparaître ou être rachetée pour cause de surendettement. Un État ne peut pas disparaître, mais il peut se retrouver en cessation de paiement de ses dettes, incapable de rémunérer ses fonctionnaires et d'assurer ses services publics. C'est ce que risque aujourd'hui la Grèce et, malgré l'aide internationale, elle n'est pas encore sauvée. D'après les économistes, la faillite de ce pays qui ne représente que 2 à 3 % du produit intérieur brut (PIB) de l'UE aurait des effets réels directs limités. Cependant, elle risque de produire un effet en chaîne sur les autres pays européens qui ont déjà de gros problèmes financiers, comme l'Espagne. Or, une faillite de l'Espagne, quatrième puissance de l'UE, serait catastrophique pour l'Union.

Traité de Maastricht

L'euro a été institué par le traité de Maastricht en 1992. L'ensemble des États membres l'ont signé, pariant ainsi que les avantages l'emporteraient sur les inconvénients. Pourtant, dès l'origine, il apparaissait difficile d'imposer la même politique monétaire à des économies aussi différentes sans imposer en même temps une union politique ou, tout au moins, une union fiscale et sociale. Tout simplement car les États n'ont pas les mêmes besoins : l'Allemagne préfère un euro fort (qui ne gêne pas ses exportations et lui permet d'acheter à bon prix les biens pour son industrie et ses consommateurs), tandis que les PIIGS (Portugal, Irlande, Italie, Grèce et Espagne) auraient besoin d'une forte dépréciation pour relancer la croissance, compte tenu de leurs importants déficits extérieurs.

La crise grecque

Octobre 2009, à la suite des élections législatives, le socialiste Georges Papandréou arrive au pouvoir et découvre que les chiffres des comptes publics ont été falsifiés par l'ancien gouvernement. Le déficit s'élève à 12,9 % et la dette publique à 115 % du PIB, alors que la limite fixée par l'Union européenne est de 3 %. C'est cette révélation qui aurait déclenché la crise. La journaliste économique Myret Zaki n'est pas de cet avis. S'appuyant sur les révélations du *Wall Street Journal*, elle affirme que ce sont cinq dirigeants de hedge funds (fonds spéculatifs) qui ont coulé la Grèce en décidant de parier massivement à la baisse sur la dette souveraine du pays. La Grèce était certes très endettée, mais sa situation n'était pas pire que celle de plusieurs autres États de la zone euro.

Monde

Universel et culturel

Dans les médias

Chaque révolte contre un pouvoir dictatorial est traduite par les médias français comme le combat des « bon rebelles démocrates » contre les « méchants dictateurs ». Intellectuels ou politiques défendent le devoir d'ingérence, l'envoi de Casques bleus ou de troupes de l'Otan au nom de la démocratie et des droits de l'homme. En Irak, en Afghanistan, en Haïti... L'Occident essaye d'imposer la démocratie par la force sans respecter la souveraineté nationale et les cultures des pays. En Côte d'Ivoire, par exemple, l'ex-président Laurent Gbagbo a été présenté comme un tyran et son rival, Alassane Ouattara, comme un démocrate. Une autre vision du conflit était pourtant possible, à savoir qu'en Afrique, un homme ne vote pas selon ses idées personnelles, mais pour sa tribu ou son ethnie. Le suffrage universel serait donc là une loi du groupe le plus nombreux...

Définitions

Universel L'universel se définit comme étant ce qui est valable pour tous les hommes et ce qui doit s'appliquer à tous sans distinction. Pour pouvoir prétendre à l'universalité, les droits de l'homme se sont construits sur l'idée d'un homme abstrait. Ils ne parlent ainsi que de l'homme dans ce qu'il a de plus élémentaire (il est né homme), dépouillé de tout trait culturel (politique, religieux, etc.). Affirmer l'universalité des droits de l'homme revient à prétendre que l'Europe, qui les a portés, est détentrice d'une vérité valable pour tous. Les droits de l'homme véhiculent en effet des valeurs occidentales : l'individualisme, le bonheur personnel comme fin ultime, la démocratie, etc. Vouloir les imposer partout pose alors la question du respect des cultures et des différences.

Culturel Pour l'Unesco, la culture « englobe, outre les arts et les lettres, les modes de vie, les droits fondamentaux de l'être humain, les systèmes de valeurs, les traditions et les croyances ». En sociologie, la culture est définie comme ce qui est caractéristique d'un groupe d'individus.
Par exemple, le concept d'« homme abstrait » est culturel : ce sont en effet les individus de la culture héritée des Grecs et des Romains qui l'ont imaginé. Il est donc plus difficilement accessible aux hommes des autres cultures. De même, là où les droits de l'homme proclament la liberté individuelle, « l'Extrême-Orient, en face d'elle, inscrit l'harmonie [...] », explique le philosophe français, François Jullien, auteur d'un essai intitulé *De l'universel, de l'uniforme, du commun*.

Débats

L'ONU p. 56

Pour Tous les partis politiques, même si les critiques sur le fonctionnement de cette institution se multiplient.

Contre Les altermondialistes estiment que l'ONU a suscité une immense déception et que cette institution doit être réformée profondément.

Le droit d'ingérence p. 57

Pour L'UMP, le PS (derrière Bernard Kouchner, fondateur de Médecins sans frontières) et les associations de défense des droits de l'homme.

Contre Des critiques se font jour dans la société et chez les politiques : faut-il se mêler des affaires des autres jusqu'au point de faire la guerre? Le FN et le PCF sont les seuls partis français à s'être opposés à l'intervention en Libye.

L'Union européenne aujourd'hui p. 58

Pour L'UMP et le Parti socialiste pensent que l'Union européenne est indispensable au développement de la France et une garantie de la paix.

Contre Le Front national (Marine Le Pen) à l'extrême droite, le Front de gauche de Jean-Luc Mélenchon et le NPA avec Olivier Besancenot et Philippe Poutou, à l'extrême gauche, jugent l'UE trop libérale.

Pour | Contre

L'ONU

L'Organisation des Nations unies vit une crise profonde. Créée après la Seconde Guerre mondiale pour maintenir la paix dans le monde, elle devait non pas « nous emmener au paradis », mais « nous sauver de l'enfer »*. L'enfer est toujours là. Pis, l'ONU y contribuerait parfois...

*Henry Cabot Lodge (1902-1985), ambassadeur américain auprès de l'ONU

Un gage de paix L'ONU remplit sa mission : il n'y a pas eu de guerre mondiale depuis 1945.

De nombreuses crises depuis 1945 S'il n'y a pas eu de guerre mondiale, c'est par peur de l'arme nucléaire. Les grandes puissances s'affrontent loin de chez elles.

Un forum diplomatique Tous les États (ou presque) sont membres de l'ONU. Ils peuvent y faire entendre leur voix.

Des voix dominantes L'ONU est dominée par les États-Unis et les quatre autres membres permanents du Conseil de sécurité.

Une puissance faible Les soldats de l'ONU, appelés les « Casques bleus », viennent des armées nationales. L'ONU dépend totalement de ses États membres.

La guerre sous contrôle L'ONU donne une légitimité au recours à la force. Un État ne peut plus intervenir militairement contre un autre sans être condamné.

La loi du plus fort En 2003, les États-Unis ont envahi l'Irak sans demander l'approbation des Nations unies. Ils n'ont jamais été condamnés officiellement par l'ONU.

Des moyens à renforcer Il faut que les États membres de l'ONU augmentent leur soutien politique, financier et humain pour donner plus de pouvoirs à l'organisation.

La création de l'ONU

Cette institution a été créée le 26 juin 1945 à San Francisco pour remplacer la Société des Nations (SDN) qui n'avait pas réussi à empêcher la Seconde Guerre mondiale. Sa charte a d'abord été signée par 51 États. Aujourd'hui, elle compte 193 membres. Tous siègent à l'Assemblée générale. En cas de crise, seul le Conseil de sécurité est convoqué. Il comprend 15 membres, dont cinq seulement sont permanents (États-Unis, Royaume-Uni, France, Russie, Chine) et disposent chacun d'un droit de veto (blocage d'une décision).

Pétrole contre nourriture

En 1996, l'ONU lance le programme « Pétrole contre nourriture » en Irak. Ce programme humanitaire devait soulager la population civile affamée depuis que l'ONU avait condamné l'Irak à un embargo total (après son invasion du Koweït en 1990). Le pays était autorisé à échanger, sous le contrôle de l'ONU, du pétrole contre des produits de première nécessité. Huit ans plus tard, en 2004, un journal irakien révélait la corruption gigantesque engendrée par le programme : pots-de-vin, détournements de fonds colossaux. Des personnalités du monde entier ont été accusées d'y avoir participé, dont des membres haut placés de l'ONU.

Évacuation en plein génocide

Avril 1994, en plein génocide au Rwanda, 92 Casques bleus belges abandonnent quelque 2 000 Tutsi qui s'étaient placés sous leur protection à l'École technique officielle de Kigali. Ces derniers sont massacrés par des Hutu. L'ONU s'est défendue en affirmant que la décision avait été prise par la Belgique et non par elle. La Belgique a finalement été reconnue coupable par la justice belge. Elle a alors expliqué que l'évacuation avait été décidée après l'assassinat de dix Casques bleus belges quelques jours plus tôt. Ce tragique événement mettait au jour le fait que l'ONU dépendait du bon vouloir de ses États membres et que ceux-ci n'étaient pas prêts à sacrifier leurs soldats pour défendre la paix.

Le droit d'ingérence

Porter secours par les armes à une population attaquée : un devoir et un droit humanitaires, proclament ses partisans. Pourtant, la plupart des juristes rejettent cette ingérence, tant le risque de dérives est important.

Assistance à un peuple en danger Au nom des droits de l'homme, il faut porter secours à toute population agressée.

Violation de souveraineté La paix internationale est fondée sur le principe de non-ingérence dans les affaires intérieures d'un État.

Un droit moral La protection des droits fondamentaux de la personne est supérieure à la souveraineté d'un État.

Un principe acquis La non-ingérence protège les États les plus faibles des plus forts. Ce principe de l'égalité souveraine des États a été consacré par la charte de l'ONU.

La moralisation des relations internationales Le droit d'ingérence défend un nouvel ordre mondial mû par les principes de démocratie et de respect de la personne humaine.

Des intérêts à défendre Des violations des droits de l'homme ont lieu dans bien des endroits du monde, mais les interventions sous le prétexte du droit d'ingérence ont surtout lieu là où les intervenants ont des intérêts à défendre (pétrole, etc.).

Une démocratie du cœur L'ingérence humanitaire permet aux peuples occidentaux de faire pression sur leurs gouvernements pour mettre un terme à un massacre.

Une manipulation émotionnelle On utilise le poids de l'opinion publique pour faire pression sur les décisions de politique étrangère. Or, l'opinion ne connaît pas la réalité sur place.

1971

Histoire de l'ingérence

L'idée de l'ingérence humanitaire est ancienne (XVIe siècle). Elle a été réactivée lors de la guerre du Biafra (Nigeria, 1967-1970). Des médecins de la Croix-Rouge (dont le Français Bernard Kouchner) rompent alors avec leur principe de neutralité et prennent fait et cause pour les rebelles. Ils créent en 1971 Médecins sans frontières (MSF). Les « sans frontières » sont nés. L'ingérence n'est toujours pas reconnue juridiquement comme un droit international. Même si ses partisans estiment qu'elle est consacrée de fait par deux résolutions de l'ONU : la 43-131 (« assistance humanitaire ») ; la 45-100 (« couloirs humanitaires »). Cependant, ces deux textes réaffirment avant tout le principe de souveraineté des États.

Bernard Lugan

Historien spécialiste de l'Afrique, appelé comme expert auprès du Tribunal pénal international pour le Rwanda en 2003, Bernard Lugan explique que la démocratie individualiste (1 homme – 1 vote) n'a pas de sens en Afrique, celle-ci étant structurée par le groupe. C'est pourquoi, par exemple, l'affaire de l'Arche de Zoé a provoqué un tel scandale sur tout le continent en 2007. Cette association française avait organisé un « commando humanitaire » pour évacuer des orphelins du Darfour (alors en conflit) vers l'Europe, niant la culture africaine où la notion d'orphelin n'existe pas. L'enfant africain appartient en effet à son lignage et pas seulement à ses parents.

3, 9, 5 %

15 opérations de maintien de la paix (OMP) mandatées par l'ONU étaient en cours au 31 octobre 2013.
68 ont été organisées depuis 1948.
24 entre 1991 et 1996, soit 6 fois plus que le total de toutes les missions menées au cours des 43 années précédentes.
111 000 Casques bleus étaient déployés sur le terrain en 2013.
7,54 milliards de dollars, c'est le budget des opérations de maintien de la paix du 1er juillet 2013 au 30 juin 2014.
1er contributeur des opérations de maintien de la paix : les États-Unis (28,38 %), puis le Japon (10,83 %), la France (7,22 %) et l'Allemagne (7,14 %).
(Source : ONU)

L'Union européenne aujourd'hui

Pas démocratique, ultralibérale, abstraite, l'Union européenne (UE) actuelle ne fait pas l'unanimité chez les Français. Pourtant, les gouvernements successifs délèguent toujours plus de pouvoirs à cette Union de 28 pays.

Une union de la paix L'Union européenne a permis d'apporter la paix à un continent qui était souvent en guerre.

Une guerre économique L'UE est un espace ultralibéral où la concurrence est exacerbée.

Un marché au fort potentiel L'UE constitue un formidable marché de 500 millions de consommateurs.

Dégradation sociale Les 28 pays ont conservé leur droit social et fiscal, ce qui a permis aux États d'être encore plus durement en concurrence les uns avec les autres.

Un transfert de souveraineté total Le Parlement français n'est plus qu'une chambre d'enregistrement des directives européennes.

Le Parlement européen renforcé En échange, le Parlement européen a vu ses pouvoirs renforcés par le traité de Lisbonne.

Fusionner les peuples Si on veut qu'émerge un peuple européen, il faut une fusion des peuples (qu'ils deviennent un seul et même peuple) et pas une simple coopération.

Une démocratie impossible Pour qu'il y ait démocratie, il faut un *demos* (peuple). Or le peuple européen n'existe pas. Il n'y a donc pas de démocratie européenne possible.

Unanimité Avec les derniers traités (Nice, Lisbonne), le Conseil de l'Union européenne (ou Conseil des ministres) a progressivement abandonné ses prises de décision à l'unanimité ce qui supposait que tous les États soient d'accord pour qu'une décision passe.

Majorité qualifiée Désormais, les décisions sont prises à la majorité qualifiée, dans laquelle chaque État possède un nombre de voix correspondant à son poids démographique. Ainsi, la France, l'Allemagne, l'Italie et le Royaume-Uni disposent chacun de 29 voix, tandis que Malte, par exemple, dispose de 3 voix seulement. Les États les plus peuplés ont donc l'avantage. Au total, 352 voix sont ainsi distribuées aux 28 États de l'UE. Un minimum de 260 voix sur 352 (c'est-à-dire 73,9 %) est requis pour constituer une majorité qualifiée.

Le marché transatlantique
Un grand marché transatlantique doit englober l'Union européenne et les États-Unis d'ici à 2015. Annoncé officiellement par le président Obama en février 2013, il fait l'objet de tractations discrètes, pour ne pas dire secrètes, depuis 1990 entre l'UE et les États-Unis. « Derrière les beaux discours sur la croissance, l'emploi et la compétitivité, l'ambition à terme d'une telle alliance économique est de fondre dans un bloc politique et culturel unifié les continents européens et nord-américains » analyse Martin Bernard sur le site Mediapart. Cette « absorption » orchestrée de l'UE par les États-Unis met aujourd'hui en lumière la perte de leur souveraineté par les peuples européens qui ignorent pour la plupart qu'un tel projet est en cours d'élaboration et qui n'ont pas été consultés directement, ni même tenus informés par leurs représentants politiques.

510 millions d'habitants dans l'UE au 1er janvier 2009, c'est la troisième population mondiale.

Le traité de Lisbonne
Le traité de Lisbonne est un contrat signé par les 28 États membres de l'UE le 14 décembre 2007. Présenté comme un « traité simplifié » par le président de la République française d'alors, Nicolas Sarkozy, il s'agit en fait d'un texte très complexe qui transforme radicalement les institutions de l'UE (notamment parce qu'il modifie la façon dont les décisions sont prises pour qu'il soit plus facile de décider à 28 pays). Il remplace le projet de Constitution européenne qui avait été repoussé par les Français et les Néerlandais lors des référendums de 2005. Ce « traité modificatif » n'a pas été soumis directement aux peuples français et néerlandais, mais a été ratifié par les États membres par voie parlementaire.

Un président pour l'UE
Depuis décembre 2009, le Conseil européen de l'UE n'a plus de présidence tournante des États tous les six mois. Un président est élu pour deux ans et demi par les chefs d'État ou de gouvernement des États membres.

Bureaucratie lointaine
Pour les citoyens européens, l'UE, c'est Bruxelles. Il n'y a aucune identification possible.

Ouverte et forte
Plus l'UE s'ouvrira à d'autres pays, plus elle sera forte.

Une homogénéité indispensable
L'UE ne peut exister que si ses membres possèdent la même culture morale, civique et juridique.

Des institutions à découvrir
La construction de l'UE s'est faite en plusieurs temps. De ce fait, ses institutions ne respectent pas la séparation habituelle des pouvoirs (législatif et exécutif) et se « chevauchent » souvent.

Des institutions obscures
Les citoyens ne savent pas qui fait quoi dans l'UE entre le Conseil européen, le Conseil de l'Union européenne, la Commission et le Parlement.

Dévoiement de l'idée
L'UE, qui devait constituer un ensemble fort pour faire face aux États-Unis et à la Chine, est aujourd'hui noyée dans la mondialisation et ne parvient pas à se faire entendre dans le monde.

Une construction qui prendra du temps
Les États de l'UE doivent apprendre à vivre ensemble. Le temps est son meilleur allié pour s'affirmer.

Du côté du pouvoir exécutif
Le Conseil européen Il rassemble les chefs du pouvoir exécutif de chaque État membre (président de la République pour la France, chancelier pour l'Allemagne, etc.). Il définit les grandes orientations. Depuis le traité de Lisbonne, il élit son président pour deux ans et demi.
La Commission européenne
Elle propose les directives et les règlements aux deux organes législatifs (qui font les lois) : à savoir le Conseil de l'UE et le Parlement.

Du côté du pouvoir législatif
Le Conseil de l'Union européenne
Il rassemble les ministres concernés par le thème à l'ordre du jour. Il est présidé à tour de rôle par le ministre des Affaires étrangères de chaque État membre, pour six mois.
Le Parlement européen Il est la seule institution directement élue par les citoyens européens pour cinq ans. Depuis le traité de Lisbonne, il n'est plus seulement consultatif, il partage le pouvoir législatif avec le Conseil de l'UE.

Les Pères de l'Europe agents de la CIA
19 septembre 2000, la nouvelle a été peu relayée en France, pourtant, elle aurait dû faire l'effet d'une bombe : les « Pères de l'Europe » (le Français Robert Schuman et le Belge Paul Henri Spaak) ont été financés par les services secrets américains. C'est le reporter britannique Ambrose Evans-Pritchard du *Daily Telegraph* qui a fait cette découverte stupéfiante dans les archives américaines des années 1950 et 1960 tout juste déclassifiées. Cette information est très importante parce qu'elle remet en question l'indépendance de la construction européenne. Les opposants actuels à l'UE affirment ainsi que son seul but a toujours été de livrer l'Europe, pieds et mains liés, au géant américain. L'élaboration actuelle du marché transatlantique semble leur donner raison...

Immigration

Assimilation et multicultu

Dans les médias

Financement des mosquées, interdiction du port de la burqa, soulèvements dans les quartiers, débat sur l'identité nationale, régularisation des sans-papiers, droit de vote des étrangers aux élections locales... Chaque semaine, des faits-divers, débats ou projets de lois mettent l'immigration à la une des médias. À l'approche des échéances électorales, le jeu des petites phrases s'envenime : des hommes politiques stigmatisent les musulmans au nom de la défense du pacte républicain et de la laïcité. L'opposition réplique en dénonçant des propos inacceptables, condamne les discriminations et rappelle la contribution des immigrés aux combats passés pour la démocratie. Ainsi exploitée par les politiques, cette stratégie de la tension monte les citoyens les uns contre les autres et empêche de poser le débat dans toutes ses dimensions.

Définitions

Assimilation L'assimilation est le processus par lequel un individu devient un membre à part entière d'un groupe en se fondant en lui. En France, elle est adoptée par la Révolution française avec l'avènement de l'État-nation, reliant l'État (l'organisation politique) à la nation (le peuple revendiqué comme un seul groupe). L'identité se confond alors avec le fort sentiment d'appartenance au groupe, soudé par une langue, une culture et une histoire communes. Tout particularisme est rejeté. Alsaciens, Bretons, Basques... puis immigrés doivent abandonner leurs traditions culturelles. À partir des années 1970, l'assimilation (très critiquée au nom du droit à la différence) est évincée au profit de l'intégration : les différences des nouveaux venus sont désormais reconnues.

lisme

Multiculturalisme Le multiculturalisme signifie la coexistence de plusieurs cultures dans un même pays. En France, cette diversité culturelle menace, selon certains, l'intégration républicaine classique. D'autres pensent, au contraire, que préserver un lien symbolique avec son pays d'origine n'est pas incompatible avec l'intégration, dès lors qu'on maîtrise la langue française, que la religion fait partie de la sphère privée et que l'on respecte la loi française. En revanche, le communautarisme, qui affirme la priorité du groupe sur l'individu, développe le repli identitaire et revendique, au nom du respect des différences culturelles, des droits particuliers (horaires réservés à la piscine, nourriture particulière dans les cantines, etc.), est contraire aux idéaux républicains.

Débats

L'immigration choisie p. 64

Pour Popularisée par l'ancien président de la République, Nicolas Sarkozy, l'immigration choisie semble plébiscitée par les Français à 86 %.
(Sondage Ifop pour Valeurs actuelles, octobre 2013)

Contre Les associations contre le racisme. Tous les partis de gauche, du Parti socialiste au Parti communiste, en passant par le NPA et le Parti de gauche. À l'extrême droite, le Front national.

La régularisation des sans-papiers p. 65

Pour La gauche en général : le parti socialiste, le Parti de gauche, le NPA, le PCF. Ils refusent « l'immigration jetable » et dénoncent la précarité engendrée par la clandestinité.

Contre La droite et notamment l'UMP, Debout la République, le Front national, pour des raisons électoralistes ou parce qu'ils pensent qu'il faut freiner l'immigration, jugée trop importante.

Le droit de vote des étrangers p. 66

Pour La gauche en général. Au centre, le MoDem, et à droite, une partie de l'UMP. Ils estiment que tous les hommes installés sur le territoire français doivent avoir les mêmes droits en ayant le droit de participer aux élections locales.

Contre Une partie de l'UMP, Debout la République, le Front national. Ils défendent l'idée que le droit de vote est lié à la nationalité française. Il faut donc l'acquérir pour pouvoir voter.

La discrimination positive p. 67

Pour L'UMP, la gauche en général et les associations contre le racisme. Ils estiment que l'ascenseur social est en panne, et que la discrimination positive permet de contrer cette situation.

Contre Le MoDem, Debout la République, le Front national car ils défendent l'idée fondatrice de l'égalité de tous devant la loi.

L'immigration choisie

L'immigration cristallise de plus en plus le débat politique. Une large majorité de Français, de gauche comme de droite, réclament une immigration choisie. Le ministre de l'Intérieur, Manuel Valls, préfère parler d'immigration « intelligente ». Et si derrière les formules politiciennes, des enjeux importants se jouaient ici ?

Un sujet dont on doit pouvoir débattre Il est légitime qu'un peuple puisse décider qui vient s'installer chez lui. L'empêcher de se prononcer par crainte qu'il opte pour une position raciste est antidémocratique.

La peur de l'autre On manipule l'opinion en lui faisant peur. Et la peur n'est jamais bonne conseillère.

Droit contre droit On parle toujours des droits des immigrés, mais le droit des autochtones (qui serait celui de choisir qui vient s'installer chez eux) est bafoué.

Des droits reconnus Parler d'immigration choisie suppose que l'immigration familiale et d'asile serait subie par le pays d'accueil, alors qu'elle repose sur des droits (droit de vivre en famille, droit d'asile).

Au secours des retraites L'immigration peut sauver le régime des retraites : plus il y a de monde pour travailler et cotiser, mieux le système fonctionnera.

Un leurre idéologique Des études ont montré qu'une immigration de masse peu qualifiée tire vers le bas le niveau de vie d'un pays. Croire qu'elle pourra sauver le régime des retraites est une erreur.

L'État providence en danger Ne pas limiter l'immigration va avoir à court terme une conséquence dramatique : c'est la mort annoncée de l'État providence (tout le système de protection sociale).

Une mort inéluctable De toute façon, il est déjà trop tard : l'État providence est déjà en train de s'effondrer.

6,7 millions d'immigrés en France, soit 11 % de sa population.
(Source : Ined, novembre 2010)

6,5 millions de personnes nées en France ont au moins un parent immigré.
(Source : estimation de l'Insee en 2008)

19 %, c'est la part de la population d'origine étrangère sur deux générations (immigrés + enfants d'au moins un parent immigré).
(Source : Haut Conseil à l'intégration, HCI, Avril 2011)

180 000 personnes s'installent en France chaque année.
(Source : Haut Conseil à l'intégration)

Michèle Tribalat

Directrice de recherche à l'Institut national des études démographiques (Ined), Michèle Tribalat est spécialiste de l'immigration. Dans l'un de ses ouvrages, *Les Yeux grands fermés*, elle dénonce le tabou qui pèse sur le sujet. Par crainte du racisme supposé des Français, « le débat sur l'immigration est quasiment impossible en France », sans que l'on soit automatiquement accusé de racisme. Notamment, d'après elle, grâce à la complicité des médias, eux aussi en mission pour rééduquer ceux qui pensent mal. Ainsi, un article du quotidien *Le Monde* du 5 novembre 2009 prétendait que les flux migratoires s'étaient stabilisés entre 1982 et 2006, alors que Michèle Tribalat démontrait qu'ils avaient augmenté de 25 %.

Immigration Ce terme désigne l'entrée dans un pays de personnes étrangères qui viennent pour y vivre.

Immigration choisie C'est le fait pour le pays d'accueil de choisir les immigrés qui s'installent sur son territoire.

Immigration subie Dans l'Union européenne, on parle de plus en plus d'immigration subie depuis que l'essentiel de l'immigration n'est plus du ressort des États (et donc des peuples), mais repose sur des droits européens (droit de vivre en famille, droit d'asile, etc.) garantis par la Convention européenne des droits de l'homme. Désormais, les États membres de l'UE possèdent un pouvoir de décision uniquement en ce qui concerne l'immigration du travail (ou économique), qui ne représente que 10 % des nouveaux arrivants chaque année en France.

Pour | Contre

La régularisation des sans-papiers

Sujet délicat, la régularisation des travailleurs sans papiers est défendue à la fois par les défenseurs des droits de l'homme et les employeurs malhonnêtes. Une drôle d'alliance qui brouille le débat.

Contre l'immigration jetable On ne peut pas se servir des gens, les prendre quand on en a besoin et les réexpédier chez eux quand on n'en veut plus.

Vers une dégradation sociale Sous des prétextes humanitaires, la régularisation est voulue par les partisans de la mondialisation qui y voient l'occasion d'accueillir des immigrés peu exigeants en matière de salaires, de conditions de travail, de protection sociale, constituant donc de la main-d'œuvre plus docile et moins chère.

Dumping social Il faut régulariser, car des patrons sans scrupule se servent des sans-papiers pour jouer à la baisse les salaires des travailleurs les moins qualifiés.

Appel d'air Mieux vaut condamner lourdement les mauvais employeurs que de régulariser, sinon il y aura toujours plus d'immigrés à venir en France, ce qui bloque les petits salaires à un bas niveau.

Des travailleurs indispensables Les immigrés, et notamment les sans-papiers, occupent des emplois dont les Français ne veulent pas.

Un mythe Si ces emplois ne trouvaient aucun preneur, leurs salaires augmenteraient et il y aurait des Français pour les occuper.

Un atout démographique L'immigration va permettre de contrer le vieillissement de la population française et européenne.

Encore un mythe Pour compenser le vieillissement de sa population, la France devrait accueillir 1,3 million d'immigrants chaque année jusqu'en 2025. Puis, 2,4 millions par an entre 2025 et 2050. « Des chiffres insupportables pour n'importe quel pays ».

(Source : Michèle Tribalat, Ined, pour le quotidien d'information canadien Le Devoir, 3 mai 2010.)

Sans-papiers
Les sans-papiers sont généralement entrés régulièrement en France mais sont restés après la date où ils auraient dû quitter le territoire. Ils se retrouvent ainsi en situation irrégulière. Beaucoup travaillent et l'on associe donc le terme « sans-papiers » aux travailleurs immigrés devenus irréguliers.

Clandestins
Le mot « clandestins » est plus spécialement utilisé pour parler de ceux qui sont rentrés (ou cherchent à rentrer) de façon illégale dans un pays.

Entre **200 000** et **400 000** immigrés en situation irrégulière en France d'après le ministère de l'Immigration et de l'Identité nationale en 2010. C'est un chiffre contesté par tous : soit comme étant trop élevé, soit comme étant sous-estimé. On ignore en tout cas comment le Ministère a pu établir ce chiffre. Le travail illégal représenterait **46 000** régularisations en France en 2013 (contre 30 000 en moyenne les années précédentes).
(Source : le Monde, 16/11/2013)

Sans-papiers en lutte
Depuis 2008, les sans-papiers multiplient les mouvements de grève pour obtenir leur régularisation. Le 15 avril 2008, un mouvement de sans-papiers en Île-de-France, dans les secteurs de la restauration et du bâtiment notamment, est lancé par la CGT, syndicat d'extrême gauche, et l'association Droits devant !. Il met en évidence la situation de nombreux sans-papiers, employés à des salaires bien inférieurs au minimum légal et dans des conditions très précaires. Il aboutit à 2 800 régularisations et une centaine de dossiers sont rejetés. Le 12 octobre 2009, un deuxième mouvement de grève est lancé cette fois par onze syndicats et associations. Le long bras de fer avec le ministère de l'Immigration débouche sur des critères plus souples de régularisation.

Le droit de vote des étrangers

À chaque élection locale revient la question du droit de vote des étrangers. Cette proposition figurait déjà dans le programme du candidat à la présidence de la République François Mitterrand en 1981. Autant dire que cette revendication heurte un vieux principe républicain suivant lequel citoyenneté et nationalité sont indissociables.

La citoyenneté est liée à la nationalité. La citoyenneté française est la manifestation d'une identité commune et du rattachement à une même communauté politique, la nation.

Un facteur d'intégration Des pays européens ont déjà accordé le droit de vote aux étrangers (Suède, Norvège, Pays-Bas, Danemark) et des études ont montré que ce droit de vote avait renforcé l'intégration.

Participer à la vie de la cité Les étrangers participent à la vie de leur commune. Ils doivent donc jouir des droits civiques à ce niveau.

Des demi-droits pour des demi-citoyens Les pays de droit du sang rechignent à naturaliser les étrangers et préfèrent leur accorder des droits partiels plutôt que de les naturaliser. En France, une fois que l'on a obtenu la nationalité, on est pleinement français.

Discrimination entre étrangers Le traité de Maastricht (1992) donne aux étrangers ressortissants de l'Union européenne (UE) le droit de voter aux élections locales. Cela crée une discrimination entre les étrangers venant de l'UE et les autres, qui sont plus nombreux.

Naissance de la citoyenneté européenne Avec le traité de Maastricht, la notion de citoyenneté européenne est née : elle affirme le sentiment d'union entre les ressortissants des États membres.

Un droit légitime Les étrangers payent des impôts et devraient avoir le droit de vote.

Nécessaire mais pas suffisant En échange de leurs impôts, ils bénéficient des infrastructures (écoles, routes, hôpitaux, etc.) et reçoivent si besoin des prestations sociales. Payer des impôts n'est pas une condition suffisante pour obtenir la citoyenneté.

Étranger Selon les définitions officielles, un étranger se définit comme une personne qui n'a pas la nationalité française. Dès qu'elle obtient celle-ci, elle cesse donc d'être un étranger.
Immigré La qualité d'immigré est permanente. Un immigré se définit comme une personne née à l'étranger de parents étrangers et résidant en France. S'il devient français par naturalisation, il continue d'appartenir à la population immigrée, mais n'est plus un étranger. Il y a donc des immigrés de nationalité française et des étrangers qui ne sont pas immigrés : comme les enfants nés en France de deux parents étrangers qui obtiennent la nationalité française à 18 ans.

5 ans, c'est le nombre d'années qu'un étranger doit avoir passées en situation légale en France pour pouvoir demander sa naturalisation (acquisition de la nationalité française).
80 % des demandes de naturalisation sont acceptées chaque année.
2 ans de mariage entre un étranger et son conjoint français sont nécessaires pour que celui-là obtienne sa naturalisation.

Droit du sang Le droit du sang donne aux enfants la nationalité de leurs parents. Il a longtemps été la règle la plus suivie : on appartenait à un clan, à une tribu. La Révolution française, en exaltant l'idée d'appartenir à un même peuple, a marqué le retour du droit du sang en France.
Droit du sol Le droit du sol accorde la nationalité du pays de naissance à tout nouveau-né. En France, la monarchie a mis en place le droit du sol au XVIe siècle. Les individus étaient alors perçus comme une richesse : plus de bras, c'était plus de terres cultivées.
Droits du sang et du sol mêlés Depuis 1889, la France mêle droit du sang et droit du sol. On est donc français si un des parents au moins est français, quel que soit le lieu de naissance, ou si on naît en France de parents étrangers : on acquiert alors la nationalité française à 18 ans, ou à 13 ans si les parents en font la demande.

La discrimination positive

La discrimination positive consiste à accorder à certains un traitement préférentiel afin de rétablir l'égalité des chances. Elle revient donc à instituer des inégalités de droits pour promouvoir une égalité de fait, à l'opposé du principe républicain de non-discrimination.

Un soupçon indélébile
La discrimination positive se retourne toujours contre ses bénéficiaires puisqu'ils sont toujours soupçonnés d'avoir réussi non pas grâce à leurs talents, mais grâce à leur passe-droit.

Une étape nécessaire
La discrimination positive est une étape transitoire avant d'atteindre une véritable égalité.

Pour la diversité Les enfants d'immigrés sont mal représentés dans les élites. La discrimination positive permet de rattraper le retard.

Un passeport vers l'incivilité
Ce n'est pas en accordant des faveurs aux enfants d'immigrés qu'on les intègre dans la société. On leur apprend au contraire à ne pas respecter la règle commune.

Égalité des conditions Il faut donner les mêmes chances à tous et donc donner plus à ceux qui ont moins.

Égalité de droits
La discrimination positive est une atteinte grave au principe fondamental d'égalité des citoyens devant la loi.

Morcellement et arbitraire La discrimination ne peut que provoquer des rivalités entre les groupes et un sentiment d'injustice de tous. Car au nom de quoi accorde-t-on un droit à l'un et pas à l'autre?

Rendre la confiance La société est déjà très divisée. La discrimination positive peut au contraire redonner confiance dans les valeurs républicaines et ressouder la société.

Thomas Piketty
Spécialiste des inégalités économiques, lauréat du prix du meilleur jeune économiste de France en 2002, conseiller économique de Ségolène Royal (Parti socialiste) pendant la campagne présidentielle de 2007, Thomas Piketty se prononce pour la discrimination positive.
Il explique sa position : « Toutes les sociétés connaissent le même défi : à partir du moment où un certain niveau de formation de base s'est universalisé, l'enjeu est d'aller plus loin et d'inventer des politiques permettant à ceux qui font face à un fort handicap initial de connaître les mêmes chances de réussite scolaire et professionnelle que les autres. Qu'on le veuille ou non, le débat sur la discrimination positive [...] s'est imposé en France. »
(Source : Interview réalisée par le journal Le Monde, 21 février 2006)

La convention IEP-ZEP
L'un des premiers programmes de discrimination positive en France a été mis en place en 2001 par l'Institut d'études politiques de Paris (IEP). « L'école des élites » a signé des conventions avec une vingtaine de zones d'éducation prioritaire (ZEP) de la région parisienne et du nord de la France. Elles ouvrent la porte de l'IEP à des élèves issus de lycées situés en zone défavorisée en leur permettant d'intégrer l'école en première année sans avoir à passer le concours. L'admission se fait sur dossier et entretien. Depuis, d'autres écoles ont adopté ce type de démarche, notamment des écoles d'ingénieurs.

Anne-Marie Le Pourhiet
Professeur de droit public à l'université Rennes-I, Anne-Marie Le Pourhiet dénonce la discrimination positive. Elle explique : « De tout temps il a fallu aux immigrés " un certain temps " pour monter les marches, et plus la culture et les mœurs d'origine sont éloignées des codes dominants et plus c'est dur. Ce n'est pas de la discrimination, c'est normal, il faut de la patience mais aussi de la volonté pour s'intégrer. C'est en cela que l'idéologie multiculturaliste de promotion des différences et d'assignation à identité est perverse parce qu'elle retarde l'intégration au lieu de l'accélérer. »
(Source : Riposte laïque, Propos recueillis par Christine Tasin, 24 juin 2008)

Laïcité

Laïcité et laïcisme

Dans les médias

Port du voile à l'école, au volant... Chaque fait-divers qui remet en cause la laïcité est traité en priorité par les journalistes qui jugent que la laïcité est une valeur fondatrice de la République française, héritée de la Révolution française. Récupérée par les hommes politiques et les multiples associations contre le racisme ou la discrimination, la question devient celle de l'islam en France. Chacun doit se positionner par rapport à la laïcité, quitte à en multiplier les définitions ou les contresens. Les pires adversaires se retrouvent ainsi à combattre dans le même camp pour des raisons radicalement différentes, poussant les autres à refuser le débat. Puis, après quelques semaines de polémiques, le sujet retombe, avant de ressurgir au détour d'un nouveau fait divers.

Définitions

Laïcité La laïcité est l'organisation française de la liberté de conscience des individus, condition élémentaire de la démocratie. La laïcité se définit comme le principe de séparation entre l'espace de l'autorité publique (l'État, les pouvoirs publics locaux, les services publics) et l'espace public (rue, transports, services publics) d'après la philosophe Catherine Kintzler.
La laïcité se fonde sur la loi de 1905 qui a mis un terme à la lutte entre l'Église catholique et l'État en imposant la séparation des Églises et de l'État. Depuis cette loi, les Églises ne peuvent participer au pouvoir temporel et l'État n'exerce aucun pouvoir spirituel. Il doit rester neutre devant les choix religieux, philosophiques ou moraux des citoyens. Aucune autre démocratie n'a fait ce choix.

Laïcisme Le laïcisme prône la limitation des religions au seul domaine privé. Pour lui, la sphère de l'autorité publique s'étend à tout l'espace public : rue, commerces, transports, etc.
Le laïcisme revendique les valeurs de la laïcité. Il s'agit donc d'une doctrine, c'est-à-dire d'une croyance porteuse d'une conception du bien et du mal. Pour le spécialiste des religions Jean-Paul Willaime, « la République laïque reste perçue par certains comme devant exercer une mission philosophique d'émancipation libérant les esprits d'un religieux identifié à l'obscurantisme et à la servilité ». Dès la loi de 1905, laïcité et laïcisme se sont confondus. Le laïcisme a ainsi pu imposer sa croyance – celle de la patrie et du progrès – en utilisant l'école notamment.

Débats

L'école unique p. 72

Pour La libéralisation de l'école est un sujet encore tabou en France. De l'UMP à l'extrême gauche, on défend l'école unique car on craint une augmentation des inégalités : des écoles pour enfants pauvres et des écoles d'élite.

Contre Les libéraux et l'extrême droite réclament la mise en place de « chèques éducation » (comme en Suède, par exemple) qui permettent aux parents de choisir librement et gratuitement l'école de leurs enfants.

L'enseignement religieux à l'école p. 73

Pour En février 2005, les deux grands partis (UMP, PS) et le PCF ont voté pour l'inscription de l'enseignement du fait religieux dans les orientations générales de l'école.

Contre Les laïcistes, comme ceux du site Internet Risposte laïque, qui estiment que c'est un moyen déguisé de faire entrer les religions à l'école et ainsi de cautionner l'irrationnel et l'obscurantisme.

Les signes religieux p. 74

Pour Les laïques défendent la liberté individuelle et son droit d'expression dans l'espace public, sauf s'ils portent atteinte à la sécurité : comme le voile intégral qui empêche l'identification d'une personne.

Contre Les laïcistes estiment que la religion est une affaire privée et ne doit pas être visible dans l'espace public, ou de façon très discrète. Cette vision est largement partagée par les partis politiques en France.

Les mosquées p. 75

Pour L'UMP, le MoDem et les partis de gauche estiment qu'il est légitime que les musulmans possèdent leurs lieux de prière.

Contre Les laïcistes et le Front national dénoncent la multiplication des mosquées en France. Pour eux, l'islam défend des valeurs contraires aux principes fondamentaux de la République.

Pour Contre

L'école unique

La laïcité, valeur fondamentale et véritable passion française, a été propagée par l'école unique, c'est-à-dire l'école d'État gratuite, laïque, obligatoire et unifiée. Aujourd'hui, elle est remise en cause car son idéologie égalitaire aurait causé son naufrage actuel (accentuant les inégalités au lieu de les réduire). Ouvrir le débat sur la laïcité revient donc à ouvrir celui de la liberté d'enseignement.

Un espace libre Seule l'école laïque peut offrir un savoir et une réflexion intellectuels dégagés de toute croyance.

École unique = pensée unique Avec le monopole de l'Éducation nationale, une seule vision du monde est inculquée aux petits Français. Hier le patriotisme, aujourd'hui le relativisme (toutes les vérités se valent), comme le dénoncent certains philosophes.

Au nom de l'égalité La République doit offrir la même éducation à tous les enfants.

L'égalité dans la médiocrité L'école doit offrir la même chance à tous et non être chargée de réduire les inégalités. Car, à force de baisser le niveau pour que tous les enfants puissent suivre les programmes, c'est le niveau général qui s'est effondré.

La faute à la société Les difficultés rencontrées aujourd'hui ne sont pas uniquement celles de l'école, mais celles de la société tout entière.

Un bagage différent Imposer à tous les enfants le même programme scolaire, c'est refuser de prendre en compte que tous ne possèdent pas le même bagage culturel.

Une école à deux vitesses Remettre en cause le monopole de l'Éducation nationale, c'est remettre en cause l'égalité des chances, puisqu'il y aurait des écoles pour riches et des écoles pour pauvres.

Des inégalités renforcées C'est déjà le cas avec l'école unique. Les bonnes écoles des centres-villes sont réservées aux enfants des classes aisées, les autres aux plus pauvres.

84 % des élèves des sections pour jeunes en difficulté au collège sont issus des catégories sociales défavorisées contre 2 % pour les enfants d'enseignants et de cadres (soit dix fois moins que leur part dans l'enseignement général).
68,4 %, c'est le taux de réussite au brevet des élèves qui ont un parent ouvrier contre **94,9 %** pour ceux qui ont un parent cadre supérieur.
54 % des enfants dont le père ne dispose d'aucun diplôme ont déjà redoublé au moins une fois à l'entrée en 3e, contre **14 %** de ceux dont le père a un diplôme supérieur au bac.

L'école unique C'est le surnom utilisé pour désigner l'école publique française. Elle s'est constituée à partir des lois scolaires de Jules Ferry (en 1881 et 1882) en devenant gratuite, obligatoire et laïque et s'est achevée en 1975 par l'institution du collège unique (unification des programmes de l'école primaire au collège).
L'école privée Il existe à côté de l'école publique des écoles catholiques privées et payantes. Depuis 1959, la plupart sont sous contrat avec l'État : elles doivent respecter le principe de laïcité et leurs programmes doivent être identiques à ceux de l'enseignement public. L'État possède donc un monopole sur l'instruction. Certains critiquent ce modèle et réclament des écoles libres, financées par l'État, mais au choix des parents.

1932

De l'instruction publique à l'Éducation nationale
En 1932, le ministère de l'Instruction publique prend le nom de ministère de l'Éducation nationale. Ce changement de nom clôt la lutte engagée depuis la Révolution française entre deux conceptions : ceux qui veulent assurer l'éducation complète des enfants au sein d'une école égalitaire (les partisans de l'Éducation nationale) et ceux qui pensent que l'éducation des enfants appartient aux parents et non à l'école, celle-ci devant se charger seulement de l'instruction (apprentissage des savoirs). Partisan de ce second modèle, Condorcet (1743-1794) explique que : « Le but de l'instruction n'est pas de faire admirer aux hommes une législation toute faite, mais de les rendre capables de l'apprécier et de la corriger. »

L'enseignement religieux à l'école

Récent, l'enseignement du fait religieux à l'école laïque n'en finit pas de provoquer la polémique. C'est toute la difficulté d'un tel enseignement pris entre la hantise des laïques d'ouvrir la porte de l'école aux religions et celle des autorités religieuses d'abandonner l'enseignement de leur foi à des laïques.

Contre l'inculture religieuse Les religions ont joué un rôle fondamental dans les cultures. Le rôle de l'école est donc de les enseigner objectivement pour rendre compréhensibles nos cultures.

Contre l'endoctrinement religieux Les religions sont des fictions, dénuées de tout caractère scientifique. Elles n'ont donc pas leur place à l'école.

La connaissance contre le fanatisme L'absence d'enseignement du fait religieux laisse le champ libre aux visions intégristes et fondamentalistes. Il appartient à l'école de donner aux jeunes des éclairages dénués de toute passion sur les textes religieux.

Un cheval de Troie Enseigner le fait religieux, c'est permettre aux religions d'entrer dans l'école. Or, celle-ci doit rester un espace neutre où règne la raison.

Un enseignement du religieux mais pas un enseignement religieux La République n'a pas à arbitrer entre les croyances. L'égalité de principe vaut pour toutes les confessions.

Relativisme Enseigner les religions de façon neutre, c'est enseigner que toutes les religions se valent et qu'aucune n'a donc de valeur.

Une cause de violence Une présentation rationnelle des différentes religions risque d'attiser les tensions déjà présentes entre les communautés à l'école.

Contre la violence Au contraire, enseigner le fait religieux contribuerait à diminuer la violence entre les communautés.

Régis Debray
Intellectuel français, Régis Debray a travaillé sur le rapport entre démocratie et sacré. Il a été chargé par le ministère de l'Éducation nationale en 2002 d'un rapport sur l'enseignement du fait religieux à l'école. Régis Debray y concluait à la nécessité d'« avoir une approche raisonnée des religions comme faits de civilisation » et l'importance d'ouvrir « les jeunes esprits à toute la gamme des comportements et des cultures pour les aider à découvrir dans quel monde ils vivent, et de quels héritages collectifs ils sont comptables [...] ». Il soulignait ainsi pourquoi la transmission dans le temps, et donc la connaissance de l'histoire, était essentielle pour comprendre et trouver sa place dans le monde d'aujourd'hui.

Religion à la carte
Les autres pays d'Europe ont une tout autre conception des relations État-religion que la France et, de ce fait, la place de l'enseignement religieux y est très variable. Il est même parfois difficile de voir la ligne de démarcation entre public et privé tant les coopérations peuvent être étroites. En Irlande, il existe des écoles publiques confessionnelles et des écoles privées non confessionnelles. On trouve également des écoles confessionnelles publiques au Royaume-Uni, aux Pays-Bas...
En Allemagne comme en Espagne, l'instruction religieuse (chrétienne) est une discipline obligatoirement proposée par les écoles publiques. En Belgique, les écoles publiques donnent le choix entre cours de religion et cours de morale non confessionnelle.

10 % de l'horaire d'histoire : c'est la part théorique consacrée en classe de 6e aux débuts du judaïsme et du christianisme, et aux débuts de l'islam en classe de 5e.
70 % des 18-24 ans se disent sans religion aux Pays-Bas, **53 %** en France.

Pour Contre

Les signes religieux

L'apparition du voile islamique dans l'espace public européen provoque le débat. Pour tenter de le résoudre, les législateurs français ont décidé de légiférer sur le voile et plus généralement sur tous les signes religieux.

Au nom de la tolérance Une démocratie doit respecter la diversité des visions du monde.

Pacte républicain Les religions ont droit à la liberté d'expression dans la société civile à la condition qu'elles renoncent à leurs revendications politiques. Ce n'est pas le cas de l'islam, qui subordonne la politique au religieux.

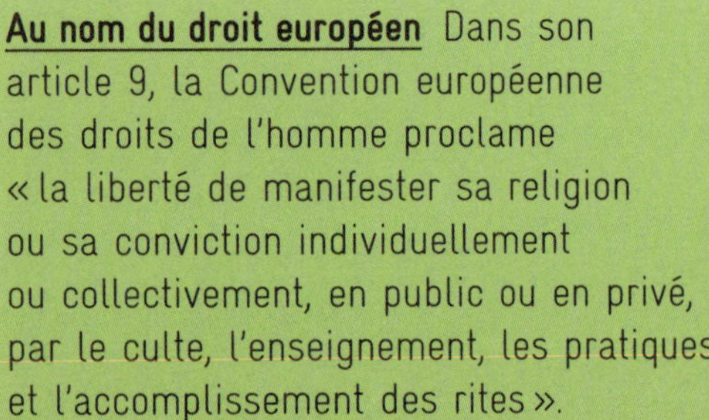

Au nom du droit européen Dans son article 9, la Convention européenne des droits de l'homme proclame « la liberté de manifester sa religion ou sa conviction individuellement ou collectivement, en public ou en privé, par le culte, l'enseignement, les pratiques et l'accomplissement des rites ».

Au nom du droit Dans ce même article, il est aussi dit que « ce droit implique la liberté de changer de religion ou de conviction ». Or l'islam l'interdit. Pour participer à la vie collective, il faut que tous les citoyens acceptent toutes les règles et pas seulement celles qui les arrangent.

Stigmatisation des femmes voilées Avec ce principe, on fait passer l'idée que les femmes voilées sont dangereuses.

Au nom de la sécurité publique La liberté individuelle est soumise à l'ordre public qui exige qu'on puisse identifier les personnes qui se déplacent dans la rue.

Une résistance Avec le voile, les femmes disent non à la société de consommation et proclament que leur corps n'est pas à vendre.

Une prison Avec le voile, ce n'est plus la personne qui affiche un signe, mais le signe qui enferme la personne. La femme devient un fantôme qui n'a pas le droit à une existence individuelle.

Tolérance Abdennour Bidar, professeur de philosophie, explique la différence entre les deux concepts : « Si on se contente de la tolérance, chacun peut vivre de son côté, au nom d'un droit général à la différence, en restant enfermé dans ses particularismes. »
Laïcité « Être laïque, c'est vouloir que nous puissions nous rencontrer au-delà de nos appartenances respectives, et faire en sorte que nous puissions ouvrir un espace, comme par exemple l'espace de l'école, où nous apprendrons à devenir des individus autonomes, en prenant de la distance vis-à-vis de nos cultures d'origine. [...] Les musulmans comprennent mal ce concept de laïcité. La plupart du temps, ils le réduisent à un refus du religieux [...]. »

(Source : Le Philosophoire, n°29, automne 2007)

Hijab Il recouvre la tête, le cou et parfois les épaules, mais laisse le visage dégagé. On le surnomme le « foulard », c'est celui qu'on voit le plus en France.
Tchador Il dissimule tout le corps et laisse le visage découvert. Il est surtout porté en Iran et en Afghanistan.
Niqab C'est un voile qui cache toute la silhouette et ne laisse que les yeux à découvert. Il est surtout porté dans les pays du golfe Persique.
Burqa Elle dissimule totalement la femme, même les yeux sont cachés derrière une grille. On le trouve surtout en Afghanistan et dans certaines régions du Pakistan.

Les lois en France
En France, la loi du 15 mars 2004 interdit, au nom du principe de laïcité, dans les écoles, collèges, lycées publics, le port de tout signe religieux « ostensible », c'est-à-dire trop voyant, ce qui inclut le voile islamique mais aussi la kippa (couvre-chef porté par les juifs lors de la prière) et les grandes croix. Les symboles discrets, tels que petites croix, médailles religieuses, étoiles de David, ou mains de Fatma, restent autorisés. En octobre 2010, une nouvelle loi est votée pour interdire le voile intégral (niqab et burqa) dans l'espace public (rues, gares, parcs, transports...). Toute femme le portant est passible d'une amende de 150 euros.

Les mosquées

La construction de mosquées est l'objet d'un vif débat en France. Au-delà du simple fait architectural, c'est toute la question de l'islam et de sa compatibilité avec la démocratie qui est posée.

Un droit Les musulmans doivent avoir leurs lieux de culte comme les autres religions.

Droit de culte et non droit à la mosquée La liberté de culte est reconnue. Elle ne doit pas être confondue avec un droit aux mosquées. C'est aux fidèles de financer leurs lieux de culte et non à l'État.

Une caricature de l'islam Les versets du Coran dénoncés par les opposants à l'islam ne représentent qu'une toute petite partie de ce texte sacré. Le Coran ne peut donc être résumé à cela.

Une emprise sur toute la vie Dans les mosquées, on inculque le Coran qui véhicule des valeurs contraires à la démocratie et à la laïcité. La séparation entre le spirituel et le temporel n'existe pas, la religion est au-dessus des lois civiles, la liberté et l'égalité des femmes et des non-croyants sont niées...

Le communautarisme La présence d'une mosquée renforce le repli communautaire autour d'une religion qui prône la violence contre ses adversaires.

Des mosquées discrètes Mis à part quelques grandes mosquées, beaucoup se fondent dans le paysage français.

Il n'y a pas un seul islam Rien qu'en France, il existe une vingtaine de nationalités ou ethnies différentes et chacun porte une tradition différente de l'islam.

Un symbole dépassé Historiquement, la construction de grandes mosquées (comme celle des cathédrales) a été un symbole de conquête : une fois un territoire pris, les vainqueurs construisaient un lieu de culte imposant. Aujourd'hui, en France, mieux vaudrait préférer des lieux de culte plus modestes.

Albert Ali

Fils d'immigrés algériens, Albert Ali se présente lui-même comme écrivain français, patriote et musulman. Il juge la situation entre « Français autochtones » et nouveaux venus musulmans « explosive ». Selon lui, la seule solution consiste à construire un destin commun. Il invite les musulmans à quitter leur « arrogance » et à « mettre entre parenthèses des questions émotionnelles comme la colonisation ou le racisme », à adopter la langue française et l'héritage culturel du pays. Concernant les mosquées, il se prononce pour des bâtiments qui se fondent dans le paysage par respect pour les autochtones et sans minarets, qui ne servent à rien en France.

Malek Chebel

Psychanalyste et anthropologue musulman, Malek Chebel se dit « persuadé que l'islam peut être compatible avec la modernité, s'il se déleste, c'est vrai, des versets qui posent problème. À commencer par ceux qui prônent les châtiments corporels et ceux qui maintiennent les femmes dans un statut d'infériorité. [...] Il faut aussi que les musulmans proclament très clairement que la guerre sainte, le djihad, menée au nom de Dieu, n'est plus une obligation en islam, en affirmant que ni les juifs ni les chrétiens ne sont des ennemis. »

(Source : Interview lexpress.fr, 30/03/2006 – L'islam est-il compatible avec la modernité ?)

Financement public des mosquées

La loi de 1905 de séparation des Églises et de l'État interdit le financement public des lieux de culte, afin d'assurer la liberté et l'égalité des cultes. Pourtant, la loi est détournée par les élus locaux de plusieurs façons : mise à disposition de bâtiments et de terrains par le biais d'un bail emphytéotique (qui permet aux mairies de louer un de leurs terrains pour une très longue durée – 99 ans maximum – en échange d'un loyer symbolique), aides à investissement pour une bibliothèque ou des activités de soutien scolaire installées dans les murs de la mosquée, etc. 30 % des mosquées sont ainsi financées par des deniers publics.

(Source : Le Figaro, 13/12/2008)

Environnement

Croissance et décroissance

Dans les médias

Au milieu des discours catastrophistes sur le réchauffement climatique, le trou de la couche d'ozone ou la pollution, les mesures respectueuses de l'environnement sont brandies par les médias comme autant de bouées de sauvetage. Les produits biologiques profitent donc d'un véritable engouement. Les articles saluant leur authenticité et leurs bienfaits sont repris en boucle. De son côté, la taxe carbone, proposée par le gouvernement, a d'abord suscité l'enthousiasme des journalistes jusqu'au moment où plusieurs sondages ont révélé son impopularité auprès des Français. Les médias l'ont alors rejetée. Cependant, aucun n'avait vraiment prévenu qu'en cas d'adoption de ce projet de loi, seuls les particuliers auraient dû payer, la plupart des entreprises – les principaux pollueurs – étant exemptées, comme l'a pointé le Conseil constitutionnel.

Définitions

Croissance La société de croissance est née de la croyance dans le progrès. D'après les historiens des idées, celle-ci s'est élaborée entre le XVIe et le XVIIIe siècle, avec la Renaissance, l'humanisme, le protestantisme puis les Lumières. Selon elle, l'homme peut être maître de son destin, maîtriser la nature et s'assurer un avenir meilleur. Le progrès, qui se matérialise dans l'accumulation de biens, devient l'assurance du bien-être et de l'épanouissement.

La croissance est mesurée par un indicateur, le PIB (produit intérieur brut), dont l'augmentation est toujours interprétée comme un mieux-être (et inversement). Cependant, le PIB ne prend jamais en compte les pollutions engendrées ou les ressources naturelles utilisées pour la création de cette richesse.

Décroissance Le terme provocateur de « décroissance » se veut surtout une incitation « à penser autrement », « à décoloniser notre imaginaire », disent ses partisans. Ceux-ci préfèrent d'ailleurs être appelés « objecteurs de croissance » plutôt que « décroissants ». Tous ne sont pas des écologistes. Les plus anciennes critiques de la croissance émanent de scientifiques et d'économistes.
Ainsi, l'économiste britannique Thomas-Robert Malthus (1766-1834) mettait en parallèle l'augmentation (géométrique) très rapide de la population et celle (arithmétique), plus lente, des ressources naturelles. Dans les années 1970, les scientifiques et économistes réunis dans le Club de Rome prévenaient que les ressources naturelles n'étaient pas illimitées et préconisaient déjà une croissance zéro.

Débats

L'agriculture biologique p. 80

Pour Les écologistes en général. L'Agence française pour le développement et la promotion de l'agriculture biologique, qui a pour mission d'informer sur l'agriculture biologique et d'assurer son développement.

Contre Les partisans de l'agriculture intensive. Des scientifiques et des citoyens qui pensent que l'agriculture bio est avant tout un marché juteux et pas si écologique que ça.

La fiscalité verte p. 81

Pour Tous les partis politiques se sont prononcés sur la nécessité d'une fiscalité environnementale. À gauche comme à l'extrême droite, on entend cependant la soumettre à l'exigence de justice sociale.

Contre L'écotaxe poids lourds a déclenché une vive contestation en France à l'automne 2013, entraînant sa « suspension » par le gouvernement Ayrault. 57 % des Français se déclarent favorables à un abandon définitif de l'écotaxe.
(Sondage CSA pour Les Échos et l'Institut Montaigne, novembre 2013)

L'agriculture biologique

« Plus naturels, plus sains, plus écolo », les produits bio ont le vent en poupe. Issus de l'agriculture biologique, ils doivent avoir été cultivés et conservés sans produits chimiques de synthèse (fabriqués par l'homme). Autant dire qu'ils remettent en cause les filières ordinaires, même s'ils n'enregistrent pas les mêmes rendements.

Meilleur pour l'environnement L'agriculture biologique respecte la nature en refusant d'utiliser des produits chimiques de synthèse et favorise la biodiversité en choisissant des variétés végétales et des espèces animales adaptées aux terroirs.

Un développement non durable Avec l'agriculture bio, il faut cultiver plus de terres que dans l'agriculture conventionnelle car les rendements sont moindres. Or, à l'échelle de la planète, avec l'augmentation de la population, de moins en moins de terres sont disponibles pour les cultures.

Bio ne veut pas dire « risque zéro » Des accidents sanitaires peuvent surgir même avec les produits bio (bactéries dans un compost pas assez fermenté, utilisation de sulfate de cuivre pour remplacer les produits chimiques de synthèse, etc.).

Meilleur pour la santé Les produits bio sont dépourvus de résidus chimiques nocifs pour la santé et possèdent une meilleure qualité nutritionnelle (plus riches en vitamines et minéraux antioxydants, moins gras, etc.).

Trop chers En moyenne, un panier de produits bio coûte 25 % plus cher qu'un panier de produits classiques.
(Source : Enquête du magazine Que Choisir, février 2010.)

Manger mieux, manger moins Pour préserver la planète, les Occidentaux doivent revoir leur mode de consommation. Consommer moins, c'est possible avec le bio, car les fruits et légumes bio, souvent plus savoureux, sont aussi plus rassasiants du fait qu'ils contiennent plus de matière sèche, car ils ne sont pas arrosés de manière excessive.

Un label bio dévalorisé Le label bio européen, obligatoire depuis juillet 2010 sur tous les produits issus de l'agriculture biologique européenne, tolère la présence d'OGM et rend donc illusoire la certification bio.

Une tolérance proche du zéro Le nouveau label européen tolère la présence d'OGM (0,9 %) si celle-ci est « fortuite ou techniquement inévitable ». Mais il n'autorise pas l'ajout volontaire d'OGM.

L'agriculture biologique
Elle désigne l'agriculture sans engrais ni pesticides. Elle s'inscrit dans la démarche plus générale de l'agroécologie.
L'agroécologie Elle résulte de la fusion de deux disciplines scientifiques, l'agronomie et l'écologie. Concrètement, l'agroécologie recherche les modèles agricoles durables, la préservation des écosystèmes, le développement économique et la sécurité alimentaire, tout en diminuant l'utilisation des énergies fossiles. Elle est la solution préconisée par le rapporteur spécial des Nations unies, Olivier De Schutter, dans son rapport sur le droit à l'alimentation en décembre 2010. « Pour réussir cette transformation, un choix politique des États est indispensable », prévient-il.

La rumeur court toujours
Début 2007, une étude, rédigée par une chercheuse de l'Université du Michigan (États-Unis), Catherine Badgley, prétendait que l'agriculture biologique pouvait actuellement nourrir toute la planète. Reprise lors d'une conférence internationale organisée par l'Organisation des Nations unies pour l'alimentation et l'agriculture (FAO), puis sur Internet par des associations écologiques, cette conclusion a ensuite été démentie par Jacques Diouf, directeur général de la FAO. En se perfectionnant, les techniques bio pourront sans doute rattraper ce retard. En attendant, les rendements de l'agriculture biologique sont inférieurs à ceux de l'agriculture conventionnelle d'au moins 20 % et parfois plus.

Le bio en France fin 2012
3,8 % de la surface agricole utile étaient cultivés en « bio » (2 % en 2007).
24 425 exploitations agricoles bio, soit plus d'un million d'hectares (+22 % par rapport à 2011).
4 milliards d'euros de chiffre d'affaires pour le marché de l'alimentation bio.
2,4 % du marché alimentaire total en France.
(Source : Agence bio)

Pour **Contre**

La fiscalité verte

Taxer la pollution, due à la consommation d'énergie, aux transports et à d'autres activités polluantes, pour limiter les atteintes à l'environnement, c'est l'objectif de la fiscalité écologique (ou écofiscalité). En France, il existe déjà une quarantaine de taxes de ce type concernant l'eau, l'énergie, les transports, les déchets et la pollution de l'air. Auxquelles a failli être ajoutée l'écotaxe poids lourds le 1er janvier 2014.

Une urgence environnementale L'urgence liée au réchauffement climatique nécessite la mise en place d'une fiscalité verte. Les pollueurs doivent payer.

La France ne sauvera pas le monde. Ses émissions de dioxyde de carbone (CO_2, principal gaz à effet de serre) ne représentent que 1 % du bilan mondial. Il faut avant tout convaincre les deux grands pollueurs de la planète (États-Unis et Chine) de moins polluer.

Apprendre à mieux consommer La fiscalité écologique permet de modifier les comportements des producteurs et des consommateurs. Si on les oblige à payer, ils apprendront à économiser les matières premières et énergies non renouvelables.

Permis de polluer Ce principe du pollueur payeur est très discutable car il donne un droit de polluer aux plus riches et ne fait pas baisser les pollutions.

Des taxes souvent injustes Ceux qui consomment le plus ne sont pas forcément les plus riches. Par exemple, ceux qui sont obligés de prendre leur voiture tous les matins car ils vivent loin de leur lieu de travail seraient davantage taxés que les plus riches habitant près de leurs bureaux.

La compétitivité mise à mal La fiscalité environnementale pose des problèmes de compétitivité internationale puisque tous les pays ne sont pas soumis aux mêmes taxes.

Un effort national Chacun doit faire un effort pour réduire sa pollution. Avec une taxe commune, l'effort est identique pour tous.

La France rate son tournant écolo La France est beaucoup moins taxée (écologiquement) que certains pays plus compétitifs. Par contre, en refusant d'investir dans des industries plus propres, elle se crée un handicap pour l'avenir.

La fiscalité verte en chiffres

1,9 % du PIB en France contre **2,4 %** en moyenne dans le reste de L'UE. **40 milliards** d'euros de rentrée fiscale écologique annuelle en France, dont les trois quarts (**28,5 milliards** d'euros) sont affectés au budget général de l'État et non à des missions environnementales.

(Source : Commissariat général au développement durable)

Bonus-malus écologique

Le dernier système de fiscalité mis en place en France est le « bonus-malus écologique », instauré en 2007 sur les voitures neuves. Il consiste à augmenter le prix des voitures qui émettent le plus de gaz à effet de serre et à offrir un bonus – une prime – à l'achat d'une voiture peu émettrice de CO_2. En 2008, l'Agence de l'environnement et de la maîtrise de l'énergie (Ademe) dressait un premier bilan positif de cette fiscalité. La moyenne des émissions de CO_2 des voitures vendues en France est passée de 149 à 140 g de CO_2/km en un an. « Il aurait fallu 9 à 10 ans pour obtenir le même résultat sans le bonus écologique », selon l'Agence. Du côté des voitures polluantes, soumises au malus, les ventes ont baissé de 43 %.

L'écotaxe, oui ou non ?

L'idée de départ était de taxer les poids lourds pour inciter les entreprises à utiliser d'autres moyens de transport moins polluants. Sauf qu'il n'y a pas d'autre choix que le camion, tant la France est aujourd'hui en retard sur le transport fluvial ainsi que le fret ferroviaire. Des alternatives crédibles au transport routier n'existent donc pas. De plus, après une augmentation générale des prélèvements obligatoires en France, le contexte général est au « ras-le-bol fiscal », et cette taxe est perçue comme un « impôt de plus ». Celui de trop. Face aux manifestations, notamment celles des « Bonnets rouges » en Bretagne, le Premier ministre, Jean-Marc Ayrault, a décidé de suspendre la mise en place de la taxe jusqu'en juin 1914. Affaire à suivre...

Recherche et précaution

Dans les médias

Avec sa grosse moustache, sa pipe et son air tranquille, José Bové s'est imposé dans les médias comme le monsieur Anti-OGM. Acceptant toutes les émissions d'information ou de divertissement à la télévision et à la radio, il incarne un personnage sympathique et a joué un grand rôle dans le rejet des OGM par les Français. En échange de sa disponibilité, les médias sont invités à couvrir ses actions spectaculaires – commandos d'arrachage de plants OGM – et ses procès. Filmé menottes aux poignets, José Bové est devenu le symbole de la lutte contre les multinationales, David contre Goliath. Les médias se font ainsi largement l'écho des dangers des OGM, mais les arguments développés par les anti-OGM sont peu exposés : les voix discordantes sont immédiatement suspectées de soumission aux intérêts industriels. Le débat n'est pas encore bien posé.

Définitions

Recherche La recherche regroupe les activités entreprises pour améliorer l'état des connaissances. Les scientifiques revendiquent une liberté totale, car les découvertes peuvent émerger par accident alors qu'ils cherchent autre chose. La recherche se caractérise par son incertitude. Le monde de la recherche est animé par la croyance dans le progrès scientifique, héritée des Lumières. Ainsi, l'Appel de Heidelberg (1992) signé par de nombreux scientifiques déclare : « Les plus grands maux qui menacent notre planète sont l'ignorance et l'oppression et non la science, la technologie et l'industrie dont les instruments [...] sont des outils indispensables qui permettront à l'humanité de venir à bout [...] de fléaux tels que la surpopulation, la faim et les pandémies. »

Principe de précaution Le principe de précaution est un principe philosophique reconnu au niveau international depuis le Sommet de la Terre de Rio en 1992. En France, il a acquis la force d'une norme suprême, puisqu'il a été inscrit dans la Constitution, au même niveau que les autres valeurs fondatrices de la République, avec la Charte de l'environnement de 2005. Son article 5 stipule que l'absence de certitude est suffisante pour prendre des mesures de précaution.
Le principe de précaution rompt ainsi le lien traditionnel entre connaissance et action et avec la croyance traditionnelle dans le progrès. Il reconnaît le potentiel destructeur de la science, capable de détruire la nature et l'humanité et entend soumettre la recherche scientifique aux objectifs définis par les autorités publiques.

Débats

Les OGM p. 84

Pour De nombreux scientifiques se prononcent en faveur des OGM ou tout au moins de la recherche les concernant, à l'instar de Pierre-Gilles de Gennes (1932-2007), prix Nobel de physique en 1991.

Contre Les OGM font l'objet d'un consensus en France : les partis politiques, les Verts en tête, y sont tous opposés.

Le nucléaire p. 86

Pour L'UMP et une partie des socialistes pensent que la France ne peut pas se passer du nucléaire. Le MoDem et le FN réclament la tenue d'un débat. La puissance de l'industrie nucléaire en France freine l'ouverture de discussions.

Contre Les Verts, une partie des socialistes et l'extrême gauche (Parti de gauche, NPA) pensent qu'il faut en sortir en France.

Les nanotechnologies p. 87

Pour Le débat est en cours. L'UMP et les socialistes y sont plutôt favorables, même s'ils restent prudents et attendent les conclusions des expertises.

Contre Les Verts et les associations écologistes (Amis de la Terre, France Nature Environnement, etc.) réclament un moratoire – une suspension – des nanotechnologies, les connaissances en la matière étant trop limitées.

Les OGM

Les organismes génétiquement modifiés sont cultivés massivement dans le monde, sauf en Europe, et notamment en France où ils ont été « diabolisés ». Ils touchent en effet à trois sujets sensibles : le vivant, la nourriture et la nature. Autant dire que le débat autour de cette méthode de culture oppose deux visions du monde.

Une tradition paysanne Depuis l'invention de l'agriculture il y a 10 000 ans, l'homme sélectionne, croise, greffe, bouture des plantes et des animaux pour augmenter leurs rendements.

Apprentis sorciers Créer des OGM, c'est créer de nouveaux organismes vivants. Par fécondation ou croisement, ils peuvent modifier d'autres organismes et créer des déséquilibres imprévus dans les écosystèmes.

Pas de risque Les gènes introduits dans un OGM ne sont pas fabriqués par synthèse chimique, ils font partie de la nature. Ils s'introduisent dans nos cellules par un phénomène naturel. Le fait de manger des OGM ne comporte donc pas en soi de risque particulier. Chaque jour, nous avalons des millions de gènes en mangeant.

Modification de l'évolution Les espèces évoluent en incorporant l'ADN de leur nourriture. Et, en évoluant, chaque espèce influence l'évolution des autres espèces. Personne ne sait où nous entraînera l'absorption d'ADN modifié.

Pour nourrir la planète La population mondiale va augmenter de 2 milliards d'ici à 2050. Alors que 1,5 milliard souffre déjà de la faim. Il faut accroître la productivité. Or les OGM améliorent les rendements de 10 à 30 % selon les espèces, d'après l'Isaaa.

(Source : The International Service for the Acquisition of Agri-biotech Applications)

Des chiffres douteux D'autres études montrent que les rendements des OGM ne sont pas toujours meilleurs. De plus, l'Isaaa n'est pas indépendant financièrement puisqu'il reçoit des dons des groupes agrochimiques du monde entier.

Plus écolo Contrairement à une idée reçue, les OGM permettent de préserver l'environnement puisqu'ils nécessitent moins de pesticides et donc moins de passages de tracteurs pour déverser ces produits.

Moins écolo Parmi les OGM, il y a des plantes génétiquement modifiées (PGM), qui produisent une toxine insecticide (exemple, le maïs BT) et n'ont pas besoin d'insecticide, et celles capables de résister à un herbicide (exemple, le soja Roundup) qui ont entraîné une augmentation de l'utilisation des herbicides.

OGM Ce terme désigne tout organisme vivant (plante, animal, bactérie) dont le patrimoine génétique a été modifié par l'homme. La découverte de l'ADN et les premiers échanges de matériel génétique ont eu lieu sur des bactéries qui ont été utilisées dans les domaines médical et industriel à partir des années 1970. Aujourd'hui, la majorité des médicaments sont réalisés à partir de bactéries ou de champignons créés dans ce but (et donc des OGM).
Plantes OGM Il est d'usage de distinguer les OGM que l'on crée en laboratoire, pour reproduire à l'identique un produit qui existe dans la nature, des plantes OGM qui possèdent un ADN modifié et sont directement mangées par les consommateurs.

José Bové
Contre la mondialisation « néolibérale » et la « malbouffe », José Bové est aussi le chef de file des opposants aux OGM en France et en Europe, puisqu'il est député européen depuis 2009 (liste Europe Écologie). Avec le mouvement bénévole des « Faucheurs volontaires », il organise depuis 2003 des commandos d'arrachage de plants OGM en France, en plein champ, mais aussi dans des serres et installations de recherche. Ces actions, qu'il qualifie de « désobéissance civile », lui valent une forte notoriété et plusieurs procès et condamnations (amendes et peines de prison). Véritable Robin des bois des temps modernes pour les uns, il est pour d'autres un obscurantiste qui refuse le progrès.

170,3 millions d'hectares d'OGM dans le monde.
28 pays cultivent des OGM (19 pays en voie de développement et 9 pays industrialisés).
98 % de la superficie mondiale cultivée en OGM (160 millions d'hectares) se trouvent dans 10 pays.
(Source : Isaaa, 2012)

Un mauvais combat
En saccageant les champs d'expérimentation et en interdisant de fait la recherche en France, les anti-OGM favorisent la constitution de monopoles comme celui de la société Monsanto (80 % des OGM cultivés sur la planète).

Résistance Après plusieurs années d'utilisation, les insectes et autres parasites deviennent résistants aux gènes modifiés. Les plantes OGM perdent ainsi leurs capacités de résistance face à eux. Les OGM n'ont donc aucun intérêt à long terme.

Évolution naturelle Cette résistance, c'est l'évolution des espèces : tous les êtres vivants s'adaptent, même les pucerons, à un pesticide. Il faut donc sans cesse faire évoluer la recherche vers des OGM de 2e et 3e générations.

« Biopiratage » Les grands laboratoires et entreprises, comme l'Américaine Monsanto (leader mondial des semences OGM), s'approprient les ressources végétales en faisant breveter les nouveaux gènes hybrides qu'ils créent comme des inventions.

Progrès Les OGM sont une source de progrès fantastique. Ils permettront demain aux pays pauvres aux conditions climatiques difficiles d'avoir des cultures abondantes. Dans le domaine médical, ils produisent déjà des médicaments très efficaces.

Un monde trop humain Un monde où tous les organismes vivants seraient l'œuvre de l'homme et non plus du hasard, de la nature ou de la Création (selon la croyance de chacun), serait un monde considérablement appauvri.

OGM En France, un OGM est « un organisme dont on a modifié le matériel génétique (ensemble des gènes) par une technique nouvelle dite de génie génétique pour lui conférer une caractéristique nouvelle ».
GMO Aux États-Unis, la « modification génétique », ou GMO (*genetically modified organism*), peut se faire « aussi bien par les techniques du génie génétique que par les méthodes plus traditionnelles d'amélioration ». Ainsi, pour les Américains, les OGM ne présentent pas de différences avec les plantes sélectionnées ou greffées traditionnellement. Ce qui explique qu'ils se soient lancés sans hésitation dans ces cultures.

Jean-Claude Jaillette
Journaliste, Jean-Claude Jaillette a changé d'avis sur les OGM. En 1996, chef de service au quotidien *Libération*, il a participé à l'article *Alerte au soja fou*, qui faisait l'amalgame entre OGM et vache folle et qui a alors fortement marqué les esprits. Treize ans plus tard, après une longue enquête, il se lance dans l'écriture d'un livre, *Sauvez les OGM*, pour « supplier les scientifiques de prendre la parole et [...] oser affirmer que les OGM peuvent contribuer à sauver l'humanité de la famine et de la surconsommation de pesticides ». D'après lui, « les OGM sont minés par l'idéologie ».

(Source : *Sauvez les OGM*, Hachette Littératures, 2009)

39,5%

Les 10 plus grands pays cultivateurs d'OGM
1 les États-Unis (**43,1%** de la superficie)
2 le Brésil (**18,9%**)
3 l'Argentine (**14,8%**)
4 l'Inde (**6,6%**),
5 le Canada (**6,5%**)
6 la Chine (**2,4%**)
7 le Paraguay (**1,8%**)
8 le Pakistan (**1,6%**)
9 l'Afrique du Sud (**1,4%**)
10 l'Uruguay (**1,1%**)

Les plantes OGM les plus cultivées dans le monde
1 le soja : **81 millions** d'hectares
2 le maïs : **55,65 millions** d'hectares
3 le coton : **24,3 millions** d'hectares
4 le colza : **9,3 millions** d'hectares
(Source : Isaaa, 2012)

Pour | Contre

Le nucléaire

L'accident en 2011 de la centrale de Fukushima au Japon a relancé la polémique sur le nucléaire et son extrême dangerosité. La Suisse, l'Allemagne et l'Italie ont déjà annoncé leur intention de fermer leurs centrales. En France, François Hollande a promis de réduire de 75 % à 50 % la part du nucléaire dans la production d'électricité d'ici 2025.

Contre le réchauffement climatique La production d'électricité par des centrales nucléaires ne pollue pas l'atmosphère, contrairement aux autres sources d'énergie dites fossiles (pétrole, gaz et charbon), qu'il faut brûler pour obtenir de l'énergie.

Des déchets encombrants Depuis que les centrales nucléaires fonctionnent, leurs déchets s'accumulent sans qu'on sache quoi en faire. Ils sont hautement radioactifs et dangereux pendant des centaines de milliers d'années, or on ignore comment les conserver en sécurité sur des temps aussi longs.

Un risque statistiquement faible La probabilité d'un accident dans une centrale nucléaire est extrêmement réduite, d'après les experts.

Attention danger L'énergie nucléaire est dangereuse pour les hommes et l'environnement. Le rejet accidentel de radioactivité, toujours possible, comme Tchernobyl et Fukushima l'ont montré, provoque des cancers et la mort.

Une énergie surpuissante L'uranium, la matière première du nucléaire, est beaucoup plus puissant que les autres énergies fossiles (1 gramme d'uranium = 2 tonnes de pétrole).

Une ressource limitée L'uranium est, lui aussi, une énergie fossile. Ce qui signifie qu'il ne fait pas partie des énergies renouvelables (comme le vent ou le soleil, par exemple). Ses ressources seront épuisées dans 100 ans (d'après l'OCDE).

Indépendance énergétique Grâce au nucléaire, la France est en grande partie indépendante en matière d'électricité.

Course en avant Plutôt que de répondre à la demande croissante des consommateurs en énergie, il vaudrait mieux apprendre aux Français à économiser l'électricité.

La catastrophe de Tchernobyl

Le 26 avril 1986, un accident nucléaire, le plus grave de l'histoire, survient dans la centrale nucléaire de Tchernobyl en Ukraine. La fusion du cœur d'un réacteur de la centrale et son explosion pulvérisent dans l'atmosphère une partie du combustible fondu. Ce risque était évalué à une fois tous les 10 000 ans et on en avait tiré « la conclusion que cela ne se produirait pas avant 10 000 ans* ». Officiellement, d'après l'AIEA (Agence internationale de l'énergie atomique), Tchernobyl a causé la mort de 56 personnes. Mais d'après certaines organisations non gouvernementales, ce serait 600 000 personnes qui ont été exposées à la radioactivité, et des dizaines de milliers de personnes en seraient mortes.

(Source : Philippe Roch, OGM, pour ou contre, le débat, Jouvence éditions.)*

La catastrophe de Fukushima

Le 11 mars 2011, un séisme et un tsunami sur la côte nord-est du Japon ébranlent la centrale de Fukushima Daïchi, située au bord de la mer. Une panne des circuits de refroidissement de secours provoque la montée de la température d'au moins huit réacteurs – sur les 11 arrêtés à la suite du séisme – et la fusion partielle du combustible nucléaire. Classé au même niveau de gravité que Tchernobyl, l'accident japonais a relancé la polémique sur le nucléaire dans le monde. Les centrales japonaises étaient réputées sûres et ses personnels hautement qualifiés. Les dysfonctionnements pourraient se reproduire ailleurs. Rien qu'en France, plusieurs sites nucléaires sont à risques sismiques importants.

Le nucléaire en France

1re : la France est le pays le plus dépendant du nucléaire au monde.
78 % de l'électricité produite dans le pays vient du nucléaire.
58 réacteurs sont en fonctionnement, répartis sur 19 sites.
77 milliards d'euros, c'est le coût de la construction du parc nucléaire français.
400 000 emplois directs et indirects liés au nucléaire en France.

(Source : ministère de l'Écologie)

Pour Contre

Les nanotechnologies

Des crèmes solaires sans traces blanches, des pneus réduisant la consommation de carburant et, demain, des robots ou des engins ultraminiaturisés accomplissant des tâches médicales ou de surveillance... Les nanotechnologies – qui utilisent la matière à une échelle infiniment petite – sont déjà utilisées dans de nombreux objets de notre quotidien. Pourtant, leur impact sur les hommes et l'environnement pose de grandes interrogations.

La troisième révolution Après les révolutions industrielle et micro-électronique, les nanotechnologies constituent la révolution technique du XXIe siècle et vont métamorphoser le monde.

Une révolution antidémocratique Dans une démocratie, les citoyens décident du monde dans lequel ils veulent vivre. Avec les nanotechnologies et les technosciences, ils n'ont plus la maîtrise de leur avenir et sont sommés de s'adapter. La science, qui devait les émanciper, réduit en fait leur liberté.

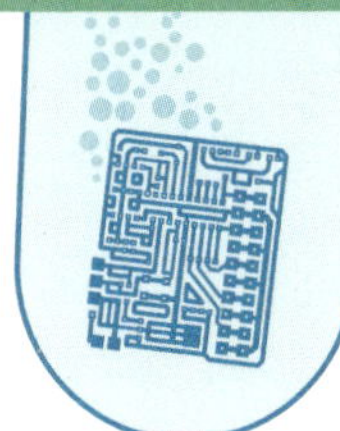

Au cœur du vivant Les nanotechnologies permettent de repousser les limites de la médecine traditionnelle. Ainsi, on peut se servir de nanoparticules pour acheminer des médicaments dans le corps humain, détecter des cellules malades ou créer des organes.

Manipulation du vivant Encore une fois, l'homme manipule le vivant sans en connaître les conséquences à plus long terme.

Aucune preuve Aucune étude n'a encore démontré formellement la toxicité des nanoparticules. Même si certaines l'étaient, cela ne remettrait pas en cause l'ensemble des nanotechnologies.

Toxiques pour les hommes Les nanoparticules, en raison de leur petite taille, peuvent entrer dans les cellules de notre corps. Celles contenues, par exemple, dans les crèmes solaires pénètrent à travers la peau et on ignore leurs effets sur l'organisme.

La solution pour un développement durable « Le développement des nanotechnologies pourrait permettre de répondre à plusieurs enjeux majeurs du XXIe siècle, notamment : le stockage de l'énergie, la lutte contre la pollution de l'eau et du sol... » d'après le ministère de l'Écologie.

Un danger pour l'environnement Un exemple : les nanoparticules contenues dans les lessives pour combattre les mauvaises odeurs des vêtements finissent dans la nature et dans l'estomac des poissons.

Les nanosciences sont les sciences qui s'intéressent aux éléments très petits de l'ordre du nanomètre (un milliardième de mètre, soit environ 30 000 fois plus petit que l'épaisseur d'un cheveu).
Les nanotechnologies sont les applications technologiques des nanosciences. Leur alliance avec d'autres sciences offre des perspectives dignes de la science-fiction.
Les nanoparticules sont des particules minuscules qui existent à l'état naturel ou qui peuvent être produites dans un but précis. Par exemple, les nanoparticules de dioxyde de titane, suspectées d'être toxiques, utilisées comme pigment et opacifiant, entrent dans la composition des cosmétiques, peintures et médicaments.

L'Afsset met en garde
Dans une expertise de 2006, l'Agence française de sécurité sanitaire de l'environnement et du travail (Afsset) mettait en garde contre la dangerosité potentielle des nanoparticules : « Les données disponibles indiquent que certaines nanoparticules insolubles peuvent franchir les différentes barrières de protection, se distribuer dans le corps et s'accumuler dans plusieurs organes, essentiellement à partir d'une exposition respiratoire ou digestive. » Dans ses recommandations, elle concluait qu'il « existe des raisons de penser que les nanoparticules manufacturées peuvent avoir des effets nocifs [...] sur la santé en premier lieu par l'exposition des travailleurs, mais aussi de la population générale ».

1000 milliards de dollars, c'est le marché généré par les produits issus des nanotechnologies d'ici à 2015.
(Source : National Science Foundation : agence indépendante du gouvernement des États-Unis pour soutenir la recherche)
10 millions d'emplois dans le monde d'ici à 2014.
4000 chercheurs en France sont impliqués dans cette discipline.
800, c'est le nombre de produits « nano » commercialisés en 2009 (il était de 219 en 2006).
(Source : Le Guide des nanotechnologies, Éditions des techniques de l'ingénieur, 2010)

Culture

Gratuit et payant

Dans les médias

Le débat autour de la loi Hadopi – visant à interdire le téléchargement illégal – a d'autant plus passionné les journalistes qu'elle concerne aussi le plagiat des articles et les droits d'auteur. Le téléchargement illégal a vite été qualifié de piratage dans les médias, qui ont fait leurs les slogans mis au point par les entreprises de divertissement : « le piratage, c'est du vol », « pillage ». Sujet polémique en or, ce débat a aussi eu le grand avantage de diviser les partis politiques et les célébrités. Les deux camps ont ainsi revendiqué leurs stars pour faire valoir leur position. L'un entendait sauver la création française en imposant les conditions juridiques indispensables à sa préservation. L'autre dénonçait l'atteinte aux libertés publiques et individuelles que représente Hadopi, jugée aussi inutile que répressive.

Définitions

Gratuit On parle de bien culturel gratuit lorsque les consommateurs ne payent pas directement pour avoir accès à ce produit ou service culturel. Ainsi, le lecteur d'un quotidien gratuit ne paye pas pour avoir son journal entre les mains. Cependant, cette gratuité est un leurre puisqu'il y a toujours quelqu'un qui paye. Dans le cas des journaux gratuits, ce sont les annonceurs. Parler de presse gratuite est donc un abus de langage. Il serait plus juste de parler de presse financée par la publicité.
Internet a joué un rôle déterminant dans la diffusion de la « culture de la gratuité », du fait de la disparition des coûts de reproduction et de la concurrence. Cependant, là aussi, la gratuité est une illusion puisque les internautes payent un abonnement à leur fournisseur d'accès.

Payant Tout bien ou service culturel mérite d'être rémunéré. La véritable question est qui doit payer? Dans un souci d'égalité de l'accès aux biens culturels, la tendance est d'éviter de faire payer directement les consommateurs. Ainsi, l'État s'est demandé s'il devait prendre à sa charge l'entretien des musées et rendre leur accès gratuit pour les ouvrir aux plus modestes. Des expériences ont depuis montré que la gratuité des musées n'augmentait pas leur fréquentation par les milieux défavorisés, celle-ci dépendant davantage de la culture familiale.
De son côté, la prise en charge des coûts de production par les annonceurs pose d'autres problèmes : dépendance vis-à-vis de la publicité, pressions des annonceurs sur les contenus, perte de qualité pour augmenter l'audience, etc.

Débats

Le téléchargement gratuit p. 92

Pour Les associations qui prônent la liberté sur Internet comme la Quadrature du Net. Pour elles, Internet a permis l'élaboration de nouvelles relations, fondées sur l'échange ou le don, qu'il faut préserver.

Contre Les partis politiques sont contre le téléchargement illégal, mais seule l'UMP et une partie du Nouveau Centre ont voté pour la loi Hadopi. L'extrême droite et toute la gauche ont voté contre.

Facebook p. 94

Pour Les « facebookers », qui estiment que leur réseau social offre de grandes possibilités de communication.

Contre De nombreuses ONG de défense des droits de l'homme et de la vie privée des personnes, comme *Privacy International*, mettent en garde contre l'utilisation par Facebook des données personnelles de ses utilisateurs.

Amazon p. 95

Pour Ses clients qui apprécient la livraison rapide et gratuite et le choix. En septembre 2012, Amazon a été désigné enseigne préférée des Français, selon une enquête du cabinet conseil OC&C.

Contre Les hommes et femmes politiques dans leur grande majorité: les députés ont adopté à l'unanimité (fait rarissime!) la loi « anti-Amazon ». Les libraires indépendants qui dénoncent sa « concurrence déloyale ».

Pour Contre

Le téléchargement gratuit

Le téléchargement des films et des disques met-il en danger les industries culturelles et les artistes? Oui, disent les majors du disque, appuyées par de grands noms de la variété française. Ils ont obtenu en France le vote d'une loi, surnommée « Hadopi », qui interdit le téléchargement illégal. Et si derrière l'arbre du téléchargement se cachait une forêt de raisons moins avouables?

Mauvais diagnostic Le marché du disque est en crise, mais pas à cause du téléchargement. Les études indépendantes démontrent que l'impact du P2P sur les ventes de disques est minime.

Des conséquences désastreuses Le téléchargement illégal de musique sur Internet provoque la crise du marché du disque.

Les artistes se trompent de cible. Interdire le téléchargement gratuit ne sert pas à les protéger, mais à préserver les profits des majors (maisons de disques).

Le piratage, c'est du vol. Le téléchargement met les artistes en danger car ils ne sont plus rémunérés et ne peuvent plus vivre de leur art.

L'exception culturelle française Le téléchargement représente une véritable menace pour les filières culturelles françaises et ses emplois.

Une comparaison révélatrice Si l'industrie du disque est en danger, c'est parce qu'elle n'a pas su se moderniser. Le monde du cinéma, lui aussi largement piraté, est en pleine expansion car il a su proposer de nouveaux produits : Blu-Ray, abonnements VOD – vidéo à la demande –, etc.

Contrôler Internet Protéger les artistes n'est qu'un prétexte. Le vrai but de la loi Hadopi est de faire accepter par les Français la surveillance d'Internet.

Un mouvement mondial Tous les pays cherchent à filtrer Internet pour protéger le droit d'auteur et lutter contre le piratage et la contrefaçon, comme le prouve la signature très discrète, en 2010, de l'Acta (Anti-Counterfeiting Trade Agreement) au niveau mondial.

Hadopi

Depuis 2010, la loi « Création et Internet » interdit le téléchargement illégal. Elle met en œuvre le dispositif de « riposte graduée », qui peut aboutir à la suspension de la connexion Internet. Elle est surnommée Hadopi, car elle met en place une Haute Autorité pour la diffusion des œuvres et la protection des droits sur Internet, qui est chargée d'envoyer des avertissements aux internautes. Le pouvoir de sanction est confié à un juge unique (et non au tribunal correctionnel) et la procédure est simplifiée pour traiter rapidement les affaires. Dénoncée pour sa « justice expéditive », elle est aussi contestée car elle se fonde sur les adresses IP* pour identifier les fraudeurs. Or, il est facile d'utiliser l'IP de quelqu'un d'autre.

(*IP Internet Protocol, numéro d'immatriculation de chaque ordinateur branché à Internet.)

Un démenti à Hadopi

Contrairement à ce qu'affirmait Christine Albanel, alors ministre de la Culture, sur l'antenne de RMC le 10 mars 2009, les Français ne sont pas les champions du monde du piratage. D'après une enquête d'Ipsos, menée entre janvier et février 2009 dans 12 pays (France, Royaume-Uni, Espagne, Allemagne, Italie, États-Unis, Japon, Chine, Brésil, Émirats arabes unis, Russie et Inde), la France se place en 9e position pour le téléchargement illégal musical et en 8e pour celui des films. Les champions étant la Chine, la Russie, l'Inde et les Émirats arabes unis. Autre révélation de taille : les pirates français achètent plus de musique que la moyenne des internautes.

Peer-to-peer ou P2P

Ce système (en français « pair-à-pair ») a été, jusqu'à Hadopi, la méthode du téléchargement illégal. Il s'agit en fait d'un mode de distribution de fichiers. Au lieu d'avoir un serveur qui fournit des clients, les clients se font aussi serveurs. Ce système permet donc à plusieurs internautes de communiquer *via* le réseau et d'échanger des fichiers. En pratique, c'est donc un partage libre et gratuit de fichiers, mis à disposition par n'importe quel internaute, la distribution étant répartie entre les consommateurs.

Direct download En se concentrant sur le P2P, Hadopi a laissé de côté les téléchargements directs. Du coup est apparu le *direct download* et des serveurs comme Rapidshare et Hotfile qui proposent juste un service d'hébergement des fichiers et de leur téléchargement libre.

La licence globale Il faut inventer un nouveau système de rémunération pour payer les artistes : taxer les fournisseurs d'accès à Internet, à l'instar des chaînes de télévision, qui payent pour diffuser un film.

Trop lourd La mise en place d'un tel système serait trop complexe : il y aurait encore des fraudeurs.

Hadopi fabrique à pirates En s'attaquant uniquement au P2P, qui n'avait pas de but commercial, Hadopi a poussé les pirates à s'adapter, et les moins scrupuleux ont mis au point des systèmes très lucratifs.

Renforcer les contrôles Il faut plus de moyens pour contrer les nouveaux pirates et leurs systèmes.

Les victimes de la crise Les petits artistes et les labels indépendants sont les premières victimes de la crise du disque actuelle.

Indépendant des majors Grâce au Net, les petits artistes peuvent se faire connaître davantage et vendre plus d'albums et d'entrées à leurs concerts.

Trop cher Le premier frein à la consommation reste le prix pour 37 % des internautes, devant le manque de diversité des offres (21 %).

Une ère consumériste L'important pour les téléchargeurs n'est pas d'avoir de la qualité, mais d'afficher 1 000 heures d'écoute sur leur mp3.

Guillaume Champeau
Rédacteur en chef du site Numerama.com, spécialisé dans les technologies de l'information, Guillaume Champeau est opposé à Hadopi. Concernant la crise de l'industrie musicale, il affirme : « En réalité, seuls les revenus de la musique enregistrée (les disques) baissent d'année en année. Mais tous les autres revenus, en particulier ceux liés aux licences d'exploitation pour la radiodiffusion et la télévision, explosent. Avec la multiplication des médias numériques (télévision par câble, par satellite, sites Internet, webradios, etc.), il n'y a jamais eu autant de diffuseurs et donc de payeurs qu'aujourd'hui. La crise du disque est largement compensée par la croissance des nouveaux médias. »

(Source : numerama.com)

Jacques Attali
Écrivain, économiste, éditorialiste, Jacques Attali est aussi un des fondateurs du site Slate.fr sur lequel il a largement expliqué pourquoi Hadopi est une erreur. « Quand la radio est apparue, bien des artistes refusèrent d'y parler, ou de laisser leurs disques y passer, de peur de perdre des spectateurs pour leurs concerts. Puis ils comprirent que la gratuité de la radio créait de la demande pour leur musique. De même, la télévision, longtemps vue comme un ennemi du cinéma, en est aujourd'hui le premier agent de promotion. Et, comme la radio est une des premières sources de financement de la musique, la télévision est en France la première source de financement du cinéma. »

(Source : slate.fr, Jacques Attali répond aux artistes, 16 mars 2009)

Denis Olivennes
Directeur de la radio Europe 1, il est l'un des initiateurs d'Hadopi. En septembre 2007, alors qu'il était le patron de la Fnac, le gouvernement lui a confié la mission d'étudier le dispositif de « riposte graduée » – avertissement puis condamnation – pour punir le téléchargement illégal. Ses propositions, signées en novembre 2007 dans les « accords Olivennes », ont ensuite servi de base pour la loi Hadopi. Denis Olivennes a expliqué son opposition au téléchargement gratuit dans un essai, *La Gratuité, c'est le vol : quand le piratage tue la culture**. Il y affirme que « la création et la diversité culturelle sont moins menacées par "l'impérialisme américain" ou la "tyrannie du divertissement" que par le piratage ».

*(*Éditions Grasset, Paris, 2007)*

Pour Contre

Facebook

Véritable phénomène de mode avec ses 500 millions d'utilisateurs revendiqués à travers le monde, le premier réseau social permet d'échanger des nouvelles, des photos, des informations. En France, trois adolescents sur quatre seraient inscrits. Est-ce un formidable outil de communication ou un instrument potentiellement très dangereux ?

Un outil de communication extraordinaire Où que l'on soit, on peut communiquer avec ses amis et sa famille, retrouver d'anciennes relations, échanger des photos, etc.

Ce n'est pas un simple outil de communication. Facebook est une entreprise commerciale qui cherche à vendre de la publicité. Pour cela, elle doit attirer du public et du contenu. Facebook met donc tout en œuvre pour que les informations des profils soient visibles par le plus large public possible.

Un diffuseur de démocratie Facebook a joué un grand rôle dans les révolutions arabes (Tunisie, Égypte, etc.) au début de l'année 2011.

Une manipulation politique Si Facebook, comme Twitter d'ailleurs, est un outil utile pour les manifestants, il l'est aussi pour les gouvernements ou les groupes de pression qui veulent les réprimer ou les manipuler.

Fichés pour toujours Les données privées des profils sont enregistrées et conservées par Facebook, même après la suppression de son profil sur le site. Cette entreprise peut accepter un jour de vendre ces fichiers aux plus offrants sans se préoccuper de savoir à quelles fins ils seront utilisés : commerciales, politiques, etc.

Existér grâce au Net Facebook ouvre de formidables possibilités pour se faire connaître et trouver un emploi, par exemple.

Le piège du Net 14 % des responsables en ressources humaines interrogés en France déclarent avoir déjà écarté un candidat à cause de sa mauvaise réputation en ligne.

(Source : une étude commandée par Microsoft, décembre 2009)

Domestiquer Internet C'est aux internautes d'apprendre à utiliser et à maîtriser Facebook et les autres réseaux sociaux.

La lettre aux annonceurs

Dans son édition du 10 novembre 2007, le quotidien *Le Monde* dévoilait que Facebook vendait « le profil de ses internautes aux publicitaires », leur permettant ainsi de cerner leur « cible » facilement grâce aux informations des profils : âge, sexe, situation de famille, etc. « Nous allons aider vos marques à faire partie des conversations quotidiennes » entre les membres du site, aurait déclaré Mark Zuckerberg, le PDG et fondateur de Facebook, dans une lettre aux annonceurs révélée par la presse américaine. Pour les détracteurs de Facebook, le réseau social ne fait ici que mettre en pratique ce qu'il annonce dans sa déclaration des droits et responsabilités (section 2.1), à savoir que tous les contenus lui appartiennent.

Evgeny Morozov

Chercheur associé à l'université de Georgetown (États-Unis) et blogueur sur magazine américain en ligne, Evgeny Morozov est l'auteur de *The Net Delusion : The Dark Side of Internet Freedom*, dans lequel il met en garde contre Internet et les réseaux sociaux comme Facebook. Il explique : « Internet est un outil démocratique, mais pas uniquement. Le Net peut également être utilisé comme un outil de répression. Il est par exemple très facile pour un gouvernement de traquer les opposants qui utilisent des blogs, des réseaux sociaux ou qui échangent des SMS depuis leurs téléphones mobiles. Internet renforce le pouvoir de censure des États, permet de réaliser des cyberattaques ou de diffuser de la propagande. »

(Source : siliconmaniacs.org)

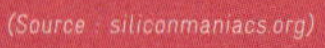

Changement des paramètres en 2009

Facebook peut du jour au lendemain décider de modifier ses règles du jeu. Ainsi, en décembre 2009, le site a-t-il changé les paramètres de confidentialité des profils de ses utilisateurs. Ceux-ci ont bien reçu un message sur leur page d'accueil les informant de ces modifications. Mais la plupart n'y ont pas prêté attention et n'ont donc pas mis à jour leurs données. Du coup, des paramètres par défaut ont été activés et les informations privées (adresse, photos, etc.) sont devenues publiques. Le comble, c'est que même Mark Zuckerberg, le fondateur de Facebook, s'est fait prendre : près de trois cents de ses photos réservées à ses amis se sont retrouvées consultables par tout le monde.

Pour **Contre**

Amazon

Haro sur Amazon ! La fronde des petits libraires semble payer : le Parlement étudie un projet de loi, dit loi anti-Amazon, pour empêcher le géant des ventes en ligne de cumuler les frais de port gratuits et la remise de 5 % autorisée par la loi Lang (1981) sur la vente d'un livre. Amazon peut bien rigoler...

Les consommateurs taxés Obliger Amazon à faire payer la livraison aura un impact mineur sur l'entreprise. Cela pénalisera surtout les consommateurs, principalement ceux habitant loin d'une librairie.

Concurrence déloyale En cumulant la livraison gratuite et la remise de 5 %, Amazon vend un livre environ trois euros moins cher que les libraires indépendants en ligne.

Faux procès On ne peut pas reprocher à une entreprise de faire des choix légaux qui lui rapportent de l'argent. Le problème ce n'est pas Amazon, c'est la législation européenne qui autorise le dumping fiscal entre les États membres.

Exil fiscal Amazon fait des bénéfices considérables en France, mais y paie très peu d'impôts, grâce à l'installation de son siège social au Luxembourg, beaucoup plus avantageux fiscalement pour les sociétés.

Complémentaires La plupart des librairies traditionnelles ne proposent plus que les nouveautés. Elles n'ont pas la place de stocker les ouvrages de plus d'un an. Or, plus de 70 % des ventes d'Amazon concernent des ouvrages plus anciens.

Fossoyeur de la librairie de proximité Le libraire indépendant conseille et oriente les lecteurs dans leurs choix. Avec Amazon, le contact humain disparaît.

Créateur d'emplois Amazon crée de l'emploi là où il n'y en a plus. Les conditions de travail dans ses entrepôts sont semblables à celles des autres entrepôts de distribution, étrangers ou français, installés en France.

Salariés-robots Amazon installe ses entrepôts dans des zones d'emplois sinistrées pour profiter d'une main-d'œuvre corvéable à merci. Cette entreprise impose des emplois précaires avec des rythmes infernaux et profite même de subventions publiques.

Les points de vente

3 500 librairies traditionnelles dont **600** à **800** indépendantes.
1 000 seulement en Grande-Bretagne pour comparaison.
(Source challenges.fr / AFP)

Les ventes de livres en France

10 % vendus en ligne à 70 % par Amazon ;
25 % en grandes surfaces culturelles ;
20 % en grandes surfaces alimentaires ;
20 % dans les librairies indépendantes ;
25 % Autres.
(Source : huffingtonpost.fr, 03/10/2013)

Le chiffre d'affaires d'Amazon

110 millions d'euros, chiffre d'affaires déclaré par Amazon en France.
1,63 milliard d'euros c'est l'estimation du chiffre d'affaires réel en France, évalué par Euromonitor.

Vote du prix unique du livre

Pour empêcher les grandes surfaces de brader les livres, la loi Lang impose depuis le 1er janvier 1982 le prix unique du livre, fixé par l'éditeur. Ce montant est réparti en moyenne entre l'auteur (10 à 12 %), l'éditeur (12 à 16 %), l'imprimeur (12 à 20 %), le diffuseur (5 à 8 %), le distributeur (10 à 12 %), le libraire (36 %) et l'État (TVA à 5,5 %)*. Amazon qui n'a pas de librairies – un entrepôt coûte infiniment moins cher – empoche pourtant les 35 % prévus pour les libraires, comme le lui impose la loi française ! Ailleurs, comme aux États-Unis où le prix unique du livre n'existe pas, Amazon vend ses livres entre 30 et 40 % moins cher qu'en France ! Les consommateurs américains sont ravis, mais les librairies traditionnelles sont de plus en plus rares. Sauver le livre ou sauver les libraires, telle pourrait être la vraie question...

(*Source : Syndicat national de l'édition)

Du fisc et des aides publiques

Plus d'un million d'euros d'aides publiques pour l'ouverture d'un entrepôt en Bourgogne ont été versés à Amazon, alors que le fisc lui réclame près de 200 millions d'euros d'arriérés d'impôts entre 2006 et 2010 (liés à la déclaration à l'étranger de son chiffre d'affaires réalisé en France). C'est le tour de force d'Amazon qui se répète à chaque ouverture de site dans l'hexagone. Pour celui de Serey (Saône-et-Loire, Bourgogne) et ses 250 emplois en 2012, la région s'est engagée à lui verser 3 400 euros par emploi, le département 1 100 euros, et l'État entre 1 000 et 2 000 euros au titre de la prime pour l'aménagement du territoire. Soit un total minimum de 1,25 millions d'euros. « L'union sacrée » des politiques contre Amazon ressemble ainsi à de la poudre aux yeux, puisque, en définitive, ils le soutiennent.

(Source : Le Point.fr, 26/11/2012)

Index